浅利妙峰の

母になるとき読む本

asari myoho
浅利妙峰

致知出版社

はじめに――命のたすきをつなぐ、糀作りは子育て

ここ大分の佐伯《さえき》の地で毛利のお殿さまに船頭衆《せんどうしゅう》の頭《かしら》として仕えていた浅利家が、糀《こうじ》屋《や》を始めたのは元禄《げんろく》二（一六八九）年のことでした。以来三百年以上にわたって、糀を作ってきました。

しかし、ときを経るにつれ、食生活の変化や核家族化が進み、糀の需要は減っていくばかりでした。長い年月にわたって日本の食文化を支えてきた糀の活躍の場を、もう一度台所に取り戻したい、これからも末永く日本人の食卓に糀がある暮らしが続いて欲しい、そんな一念で生まれたのが調味料として用いる「塩糀《しおこうじ》」でした。

ありがたいことに、今では浅利妙峰といえば塩糀と言われるほどになり、糀屋も忙しくなりました。しかし、これまでと変わらず、昔ながらの手法で糀作りを続けています。季節や気候に応じた工夫をし、室《むろ》の中の温度や湿度を調整しながら、糀のご機嫌を伺いつつ大切に育てています。そう、それはまるで子育てそのもの、親が子ども

を愛《いと》おしみながら育てていくのと同じです。

それを強く実感したのは、母を亡くしてからのことでした。

今、母の姿を見ることはできませんが、いつもそばにいて応援し、力を貸してくれているのを感じます。さらに言えば、三百年以上使われている糀室の中では、ご先祖さまが育てた糀たちもまた力を貸してくれています。

この小さいながらも長く続いてきた糀屋本店の営みの中で、私に与えられた役割は次世代へ命のたすきをつなぐことでした。

一つはこれからも糀の命を百年、二百年と醸《かも》し続けていくこと。

そしてもう一つは、九代まで続いてきた糀屋の暖簾《のれん》をこの先、子々孫々まで末永く継いでいくことです。

五人の子を授かり、糀を作るように、ときにご機嫌を伺い、ときに厳しく接し、大切に育ててきました。……と、一言で書けば順風満帆《まんぱん》で今に至ったように感じられるかもしれませんが、糀の需要がどん底ともいえる時代に、五人の子どもを育てることは並大抵のことではありませんでした。

私自身、公文式の塾を経営しながら、子育てに追われる日々。近所で評判になるほど、声をからして五人の子どもを叱《しか》りつけての涙と笑いの子育ては、ぜひ本文でお読みいただければと思います。

そうして育て上げた二女三男の五人。今では長女は自立し、次女は唐津《からつ》のお寺に嫁《とつ》ぎ、長男は海外で糀の普及に力を尽くす。次男は十代目を継ぎ、三男は独立してコンサルタントとして経営面の管理と助言をしてくれています。親の私が言うのも何ですが、実に立派に育ってくれたのです。つまりは、私たち夫婦の悪戦苦闘の子育てが間違っていなかったということでしょうか。

これまでに糀の命をつなぐ本はたくさん刊行させていただきましたが、もう一つの命、つまり人として生きていくための命を輝かす本を残したいと思い立ちました。

子育てに悩むご両親も多いと聞きます。今回は塩糀ではなく、これから子育てをする方、いま子育てに悩んでいる方に、ぜひ、私たちの経験を聞いていただいて、楽しく実践するお手伝いができたら嬉《うれ》しいです。

浅利妙峰の母になるとき読む本＊目次

第三章　幼児教育はお腹の中から始まっている

第四章　いよいよ大切になってきた家庭教育

第五章　母性を磨く

第六章　泣けば泣くほど叱られる浅利家の家庭教育

第七章　浅利家の「和俗童子訓」

終　章　未来の子どもたちへのアドバイス

附録　幸せに包まれた食卓のために

カバーデザイン……こやまたかこ
カバーイラスト…………河田ヒロ
レシピイラスト…………北野　彩
編集協力……………………柏木孝之

第一章

塩糀で知った子育てに悩む母の声

塩糀のおかげで全国に足を運び、
講演をするようになりました。
その度に子育てに悩むお母さんが実に多いことを知ったのです。
五人の子どもを育てた私の経験が、
少しでもお役に立てばという思いから、
塩糀と共に子育ての話もさせていただいています。

塩糀との出会い

五人の子どもたちも成長し、塾もそろそろ引きどきかなと思い始めた頃、立命館アジア太平洋大学（のちに別府大学発酵《はっこう》食品学科に編入）で勉強していた次男の良得《りょうとく》が、体調を崩した父（良得にとっては祖父）を心配し、学校を休学して糀作りを学んでいました。その時期に、カナダとアメリカに旅行に行ったのですが、アメリカの国の歴史よりも、自分の家の歴史の方が長く続いていることに気がつき、心に期するものが生まれたのでしょう。帰国すると「自分が家業を継ぐ」と言ってくれました。

そして二〇〇七年、母が亡くなりました。

「私はこれまでやりたい放題のことをさせてもらってきた。三百年続く糀屋をしかと、父と母から受け継ぐことこそ、私の使命である」と改めて気づいた私は、十七年間続けてきた公文式の塾をきっぱりと辞めて、糀屋の仕事に専念する決心をしたのです。

糀屋の仕事にもどって、お客さまから「女将《おかみ》さん」と呼ばれましたが、女将というにはあまりに未熟《みじゅく》すぎる自分に抵抗を感じて、勝手に「こうじ屋ウーマン」と名乗ることにしました。何となく勇ましいこの名前が気に入り、「よし、これで世界に羽ばたくぞ」とワクワクした気持ちだったのを覚えています。

息子が糀屋を継ぐ覚悟をした以上は、このまま糀を衰退《すいたい》させてはいけないという気持ちになり、息子とともに大分県の産業科学技術センターの門を叩《たた》き、現状を打開するための、糀の新たなビジネスモデルを作る取り組みを始めました。

同時に、私は糀を味噌《みそ》や甘酒の材料としてしか伝えてこなかった自分たちにも怠慢《たいまん》があると思い、糀をもっと多くの方に使っていただける方法はないかと探しはじめました。

歴史を紐解《ひもと》けば、甘酒や味噌を作る以外にも糀を利用する方法があるのではないかと考えたのです。新旧の文献を読み漁《あさ》っているうちに、たどり着いたのが江戸時代に書かれた『本朝食鑑《ほんちょうしょっかん》』という書物でした。その中に鰯《いわし》の甘塩や糟《かす》漬けや「塩麹《しおこうじ》漬《づけ》」もあると紹介がされており、漬け床《どこ》として利用されていたことを初めて知ったのです。この漬け床を「調味料」として使ったらどうだろうと考えたのが後にブームを呼ぶことになった塩糀の始まりでした。

まずは台所で実際に調味料として使ってみました。最初に試したのは地元・大分県佐伯市の海で獲れたイカを使った塩辛。細く切って塩糀を混ぜただけで、三日ほど漬け込んだようなおいしさになったのです。他の食材でも、塗《ぬ》れば保存は利くし、肉は柔らかくなるだけでなく味も抜群《ばつぐん》においしくなりました。

295　解　説

枸杞《くこ》葉飯・角豆《ささげ》飯・芋飯・大豆飯・豆腐の滓《かす》飯・大麦飯・粟飯・稗《ひえ》飯・蕎《そば》飯・葱《ねぎ》飯・荷葉《はすのは》飯・鶏飯・雉飯・茶良茶飯・法飯などがあるとして、それらの具体的な作り方を書き添えてある。

鰯については、こんな記事がある。鮮《なま》魚は膾《なます》にしたり炙《いりもの》にしたりする。醃《しおづけ》魚は炙《い》って食う。また、どちらも好い酢を醤に加えて煮て食うのも佳《よ》い。甘塩や糟漬や塩麹漬もある。塩麹漬は黒漬と呼んでいる。乾したものは昔から下品とされている。また農山漁村では鰯汁を作って調味料に使用する、とも述べている。鰯の頭は「臊臭の気が烈しい」ため「能く邪を祓《はら》」い節分の夜に使われるが、味の点にかけては鰯の頭に及ぶものはないと言い、諺に、「鰯の頭は雁の味」と言う、と附記している。雁の味は吸物の味かと思われるが、古来珍重されたようである。鰯の頭がそれに匹敵するほどに賞味すべきものであると言うのは、また驚きである。いったい、どのような料理法をとったのであろうか。編者がそれについて述べていないのは残念である。

砂糖を使った調味法のことが、たびたび出てくる。砂糖はまだ輸入品で、高価だった頃のことである。たとえば、餅の項の茄子《なす》餅の作り方を述べたところにそれがある。茄子餅は長崎の中国人の作り始めたもので、その製法は、なまの茄子の皮を取り去り、それを二つに割いておき、次にその中味を取り出して汁をしぼり、糯《もち》米の粉とねり合わせ、砂糖を加えて丸めたものを、初めに割いておいた部分に詰め、二つを元どおりに合わせて、稲草《わら》で堅く縛り、せいろうで蒸して取り出し、豆粉や砂糖をまぶして食べる、と言うのである。

また牛房《ごぼう》餅というのがある。牛蒡の根を煮て、くだき、蒸した糯米といっしょに搗いて餅にし、麻油で煎ったものを乾して食べる。砂糖の煎汁を加えて食べるのもよい、とも言う。この頃の砂糖は、泥状のものか、黒砂糖の類か、三盆白といった類か、ということも問題であるが、砂糖を調味料として使用

『本朝食鑑』に書かれていた「塩麹漬」

酵素《こうそ》について学ぶ中で、糀には、デンプン糖化《とうか》酵素、タンパク質分解酵素、脂肪分解酵素の三大消化酵素が豊富に含まれていることも知りました。消化酵素とは食べ物の消化吸収を助け、私たちの身体の代謝《たいしゃ》を保つものです。糀はデンプンを含む食品と出会うと糖化させて甘みを増やし、ブドウ糖やオリゴ糖に変化させます。また、タ

ンパク質分解酵素の働きによって肉は柔らかくなり、旨味《うまみ》が増すのです。そのうえ、糀はタンパク質分解酵素を百種類以上持っています。だから一さじの塩糀を加えるだけで、さまざまな旨味が口の中に広がり、飽《あ》きのこない味わいが楽しめるのです。

そのおいしさに目覚めた私はブログやホームページで塩糀を紹介し、塩糀の料理レシピなども次々と載せていくようにしたのでした。

「どうして塩糀を商標登録しなかったのですか」とよく聞かれます。

それには二つの理由があります。

一つは私が塩糀を発明したわけではなく、昔からある塩麹漬を調味料として使うようにアレンジしただけだったからです。

そしてもう一つ、何よりも大事なことは、糀の素晴らしさをできるだけ多くの人に伝えて使ってもらい、全国の糀屋さんに元気になって欲しかったのです。

その狙《ねら》い通り、「手軽においしくなる」ということで、二〇〇八年頃から、塩糀は多くの方に親しまれるようになっていきました。それ以前、糀は全国で二億円ほどの市場だったのが、今では六十二億円市場にまでなったというのです。私たちの思っていた以上に大きな反響をいただきました。ありがとうございます。

そうして、私の生活は塾時代に比べると一変しました。料理の講習や講演を頼まれるようになり、各地に足を運ぶことが増えました。また、二〇一二年からはイタリア、アメリカ、パラグアイ、ドイツ、ベルギー、翌年はフランス、メキシコ、キューバ、ドミニカなど、世界にも活動の場が広がっています。

子育てに悩む母が多いことを知る

糀を広めるために各地を訪ね、講習に参加された方々とお話をする中で、子育てに悩んでいるお母さん方が想像以上にたくさんいらっしゃることが分かってきました。

私は総勢五人、しかも四人の年子《としご》を育ててきました。ごく当たり前に子育てに夢中になって楽しみ、喜びを持って取り組みました。

ところが、料理講習会などでお話を伺うと、子育ての悩みを一人で抱え込み、苦しんでいる方がとても多いのです。

例えばこんなことがありました。

東京で塩糀料理の講習会をした後、

「どんなことでもいいですから、質問をどうぞ」

と声をかけると、三十前後の女性が次々と手を挙げます。

「子どもが三歳になったばかりなんですが、何が何でも一番じゃないと嫌だと悔《くや》しがって泣くんです。どうしたらいいでしょうか」

表情を見ると深刻で、かなり悩んでいるようでした。

「あなたが一番でなくてはならないと思って育てていませんか。子どもは母親が育てたように育つんですよ。一番じゃなくてもいい、一所懸命やるのが大事だよ、と教えてみたらどうかしら」

ハッと気づくところがあったようです。

すぐに別の女性が発言します。

「うちも三歳の子どもがいるんですが、最近、私の言うことを何でも嫌だって聞いてくれないんです」

「親の言うことを素直に聞いていた子も、三歳にもなったら反抗するようになってきます。でもね、それが当たり前、成長の過程だから、気にしすぎないこと。もっと気楽に構えて、逆の提案をする。あなたが右に行かせたいと思ったら、〝今日は左に行こうね〟と言えばいいんです。そうしたら子どもは反抗して〝右に行く〟って言うはず。しめたものでしょ。もっと子育てを楽しみましょう」

私がそんなふうに言うとホッとした顔をして、中には涙をポロポロ流す人さえいます。

昔は子育てを見守ってくれるお年寄りが周りにたくさんいました。おじいちゃん、おばあちゃんはもちろん、地域のお年寄りも手を貸し、智恵を授けてくれました。しかし、今はそういう環境は少なくなって、一人で子育てに悩むお母さんが実に多いようです。

「こんなに言うことを聞いてくれない子の面倒を一生見ないといけないのかしら」という不安からノイローゼになりそうだと言うお母さんもいます。

そんなお母さんたちに私の経験を話したり、ちょっとしたアドバイスをしてあげると、一気に顔色が明るくなります。

そうした出会いを踏まえて、子どもを育てることで悩んでいる多くのお母さんに少しでも子育てを楽しんでいただけるよう、私自身の子育ての経験をお話ししようと思うにいたったのです。

わずか六年で五人の子持ち

私が生まれた昭和二十七（一九五二）年当時は、ふるさと佐伯でもそれぞれの家庭で味噌を作っていましたので、糀はよく売れていました。しかし、少しずつ家庭で味噌を作る人が減っていきました。私は東京の短期大学に二年行かせてもらいました。

十歳下の妹は「姉ちゃんはお嬢さまのように育ったけれど、私は貧乏になって育った」などとよく言います。私の子どもたちが育つ時代には糀を取り巻く状況はさらに深刻になっていきました。

糀屋にとって言わば最後の景気がいい時代に、私は跡取り娘として〝蝶よ花よ〟と

婚約当時の著者、左は夫

育てられました。というのも浅利家は代々女系の家系で、私の父は百年ぶりに生まれた男の子、祖父も、その前も養子でつなぎ、私もまた父から「家業を継ぐ」ことを前提に育てられました。

大学を卒業して、佐伯に戻り、家業を手伝いながら、ガールスカウトの活動を続けていた私が結婚したのが二十五歳のときでした。

当時、お見合いの写真はドンドン送られてきていました。しかし、どの写真を見ても、まったく魅力を感じません。私は結婚相手だけは絶対に妥協《だきょう》しないと決めていました。

私が主人と知り合った頃、主人はお寺に寄宿しながら鹿児島の大学に通っている学生でした。三歳年下でしたが、ゆくゆくは高野山大学に編入し、護摩行《ごまぎょう》を究《きわ》め衆生《しゅじょう》済度《さいど》をしたいという大きな夢を持っている男性でした。ところが、私たちの仰《あお》ぎ慕《した》っている先生が「三百年続いている家の跡継ぎがいなくて困っておる。ご先祖さまのことを思えば、お前が養子としてそこに入り、家を立て直すのも立派な人助けだ」と言って、私たち二人を結びつけてくれたのでした。

昭和五十二年にお付き合いを始め、五十三年に結婚、五十四年に第一子誕生、女系のわが家ならではというように女の子でした。一年空いてまた出産、これも女。今度こそ男の子をと体質改善をして翌年再びチャレンジ、これが待望の男の子。よし、この勢いで積年《せきねん》の借りを返させてもらおうと頑張って、四番目五番目も男の子を出産。

結婚してわずか六年で私は二女三男の五人の子宝に恵まれ、主人と二人で糀屋の経営を引き継ぎました。「右肩下がり」という言葉が大袈裟《おおげさ》でないほどの厳しい経営状況の中で私たちの子育てが始まったのでした。

自転車に乗って

仲よし五人姉弟

浅利家の子どもたち——長女・啓信《けいしん》

五人姉弟の長女として育った私が常に言い聞かされていたのは「貴女《あなた》がきちんとしていれば、その背中を見て妹や弟は自然と育ってくれるから協力してね」ということでした。わが家の躾《しつけ》はおそらく一般家庭のそれよりずっと厳しかったと思いますが、年齢を重ね、社会経験を経《へ》るにつれ、親の愛あればこそ為《な》せる業《わざ》との気づきを得ることができました。特に素直な返事と謝罪に関しては徹底的に諭《さと》され、「ごめんなさい」と口で謝っても、心の底から悪いと思っていないときは「顔が謝ってない」とこっぴどく叱《しか》られ、頬《ほお》を叩《たた》かれたことも少なくありません。当時は見当もつきませんでしたが、「大切に思えばこそ叱ってくださり、己の姿を知るきっかけをいただくのだから、そのエネルギーを費やしてくださる方に手を合わせ感謝しなさい」との教えだったと知ったとき、この親の子に生まれることを選んでよかったとの思いが芽生《めば》え、厳しく導き育ててくださる方への恩を学びました。深い慈愛《じあい》を注ぎ続けられればこその今、心からの感謝を贈り、恩に報いて生きる幸せを最大限に表現してゆきます。

第二章

浅利家の子育て奮闘記

子育ては一人の子どもでも大変。
それが五人ともなれば、毎日が大騒ぎのお祭り状態。
そのうえ、糀を使う人は減る一方で、糀屋は火の車。
それでもたくましく子育てに奮闘した、
涙あり、笑いあり、浅利家のてんやわんやな日々を、
お読みください。

夫は会社へ、私は塾をスタート

結婚してすぐに子どもに恵まれ、子育てを楽しむ幸せな日々の一方で、糀《こうじ》の需要は減っていくばかりでした。

糀の使い道は味噌《みそ》か甘酒くらいしか伝わっていないうえ、お客さまはお年寄りの方が多いのですから、需要が減っていくのは当然です。「何十年もお宅から糀をいただいてきましたが、体力的にも辛くなってきたので味噌を仕込むのは今年で最後かもしれません」とおっしゃるお客さまの声がひんぱんに届くような状況でした。

結婚した当初、週に一度はあった糀の仕込みも、気づけば月に二度になり、次第になくなったら作るというように衰《おとろ》えていきました。

父の代からは糀屋をしながら折り箱や氷、ドライアイスまで売ったりするようになりました。氷は飲み屋やバーに卸《おろ》し、ドライアイスは葬儀屋さんが買いにみえますが、儲《もう》けは微々《びび》たるものです。三百年続いた糀屋を潰《つぶ》すことなく、細々とではあっても糀の火を灯《とも》していくために、断腸《だんちょう》の思いで糀屋は父と母、そして長年勤めてくれている店長の三人が食べられる程度に縮小することを決めました。私たちはとにかく外で稼《かせ》ぐしかありません。夫はたまたま縁のあった東京の人材教育の会社で働くことになり、私は養育費を稼《かせ》ぎ出すため、公文式《くもん》の塾を始めたのです。

もともと独身のときから英語を教えたりもしていて、子どもと触れ合うことは好きでした。自分の子どもたちも塾に入れて勉強させたいと思っていましたが、五人も子どもがいると月謝だけで何万もかかります。しかし、自分で塾をしていれば、生徒が月謝を持ってきてくれるうえに、自分の子も教えることができ、まさに一挙両得でした。

こんにゃくカレーで栄養失調？

何はなくとも生きるためにはまず食べさせなくてはいけません。しかし、食べ盛りの子どもたちの食欲は半端《はんぱ》ではありませんでした。いろいろと考え工夫して、こんにゃくカレーを作ったこともあります。肉を買う余裕がなかったので、代わりにこんにゃくを入れてみたのです。何となく歯ごたえが似ているのでひょっとしたら喜んでくれるかなという思いもありました。子どもが一人や二人なら、私たちは食べなくてもせめてこの子にはと無理をしてでもお肉を買ってくることはできたでしょう。しかし、五人ともなるとそんなことも言っていられません。

カレーが載った皿が子どもたちの前に並び、「いただきまーす」と言って食べ始めましたが、すぐさま悲鳴が食卓に響きました。

「ギャー、これ何？」

「変な肉だなー」

「肉じゃない、こんにゃくだぞ」

大騒ぎだったことを今でも覚えています。

あの頃は確かに貧乏でした。でも、決して惨《みじ》めではなく、工夫する楽しさに満ちていました。

「お金持ちだったらいいのになあ」

浅利家の子どもたち

「どうしてうちはお金持ちじゃないの？」とは誰も言いませんでした。それどころかこんな会話をして、みんなで笑い合っていたものでした。

「今は貧乏ごっこを楽しんでいるのよ」

「そうやね、こんにゃくカレーなんて食べられるのはうちくらいしかないよね」

「貧乏ごっこのゲームやから、いつかは終わる。だから楽しまないとね」

「それにしてもなかなか終わらんね」

さすがに一番下の善然《ぜんねん》がお医者さんから、「栄養失調です。たまには肉や魚も食べさせてあげてください」

と言われたときには焦《あせ》りました。

これも今ではわが家の語り草で、

「あの時代の日本で、栄養失調なんて考えられんよね」

と笑い合えるトピックスです。みんなで集まると、話題に上るトップテンに入っています。

修行のようなレストランごっこ

日曜日の夕食ではレストランごっこをよくしました。

食べ盛りの五人をレストランに連れて行くというのはなかなかできません。そこで主人がおいしいお店を見つけると、私を食べに連れて行ってくれるのです。私だけがいい思いをするのが目的ではありません。私はその料理を食べて家に帰り、作って再現します。だから食べるときは真剣そのもの。お皿の横にメモを広げて味や盛りつけもきちんと覚えて帰らなければいけないのです。

そして、日曜の夕方、子どもたちは食卓で神妙に待っています。レストランだから騒《さわ》いではダメ、おしゃべりもダメ、きちんと正座して待ってなさい、と言ってあるからです。私が一所懸命に作り、料理を食卓に持っていきます。みんな大喜びかと思うと、モジモジして落ち着かない様子です。

「どうしたん？」と聞くと、一番下の善然が泣きそうな顔で「足がしびれて我慢《がまん》できん」と言います。

「お家やから、しびれたら崩《くず》していいんよ」と笑いながら答えると、「おしゃべりもせんで、行儀《ぎょうぎ》よくしているのに疲れたから、レストランごっこはもうやめたい」という場面もありました。

そうした〝訓練〟のおかげか、あるとき五人を連れてレストランに行ったときのことです。

ぞろぞろと五人の子を連れて店に入ると、従業員さんやお客さんも「あー、五人も子どもが入ってきた、これはうるさくなるぞ」と思っていることが、そのけげんそうな顔から伝わってきます。

ところがうちの子どもたちは騒ぐことなく、お行儀《ぎょうぎ》よく待っています。その横で、両親と二人の子どもが食事をしているテーブルは大騒ぎ。ワアワア騒ぐし、泣き出すし、大変です。すると従業員さんは「隣《となり》がうるさくて申し訳ありません。みなさんちゃんと静かに待っていて、お利口ですね」と声をかけてくれます。「ありがとうございます」と言いながら、心の中では「うちの子たちは鍛えられ方が違いますから」と思ったものでした。

もう二度と喧嘩はしません

結婚した当初から、子どもは少なくとも三人は欲しいと思っていました。私自身十歳まで一人っ子だったので、いつも寂《さび》しい思いをしていました。兄弟がたくさんいれば毎日が修学旅行やキャンプみたいなもので愉快です。ゲームも人数が多いほど楽しいものです。

子どもが二人だと「はい、あなたはお父さんのところに行きなさい」「あなたはこっちに来なさい」とお父さん派、お母さん派に分かれることが多いのですが、三人になるとそうはいかず、そこに社会性が生まれます。思うようにならないことがあってこそ、自分のわがままが通らぬことを知り、我慢《がまん》を覚えるのです。うちの場合は三人どころかさらに二人プラスの五人になったので、子ども同士で譲《ゆず》り合い、支え合って育っていきました。

特に何かあったときの団結力は驚くほど強いものがあります。それは小さな頃からで、誰かから兄弟の悪口などを言われようものなら、「そんなことないぞ！」と、過《か》剰《じょう》なほどにかばったりします。

もちろん普段は兄弟喧嘩《げんか》もします。特によく喧嘩をしたのは、長男の定栄《じょうえい》と次男の良得《りょうとく》でした。私は兄弟喧嘩が嫌なので目の前で始めたら、寒いときでも外に出してしまいます。

「うちは子どもが五人もおるから、一人や二人おらんでも大丈夫なのよ。あんたら行きたいところあるならどこでも行きなさい」

そう言って外に出し、ドアをバタンと閉めて、鍵までかけてしまうのです。で、足音をさせて中に入ったように見せかけて、ドアの前で聞き耳を立てます。

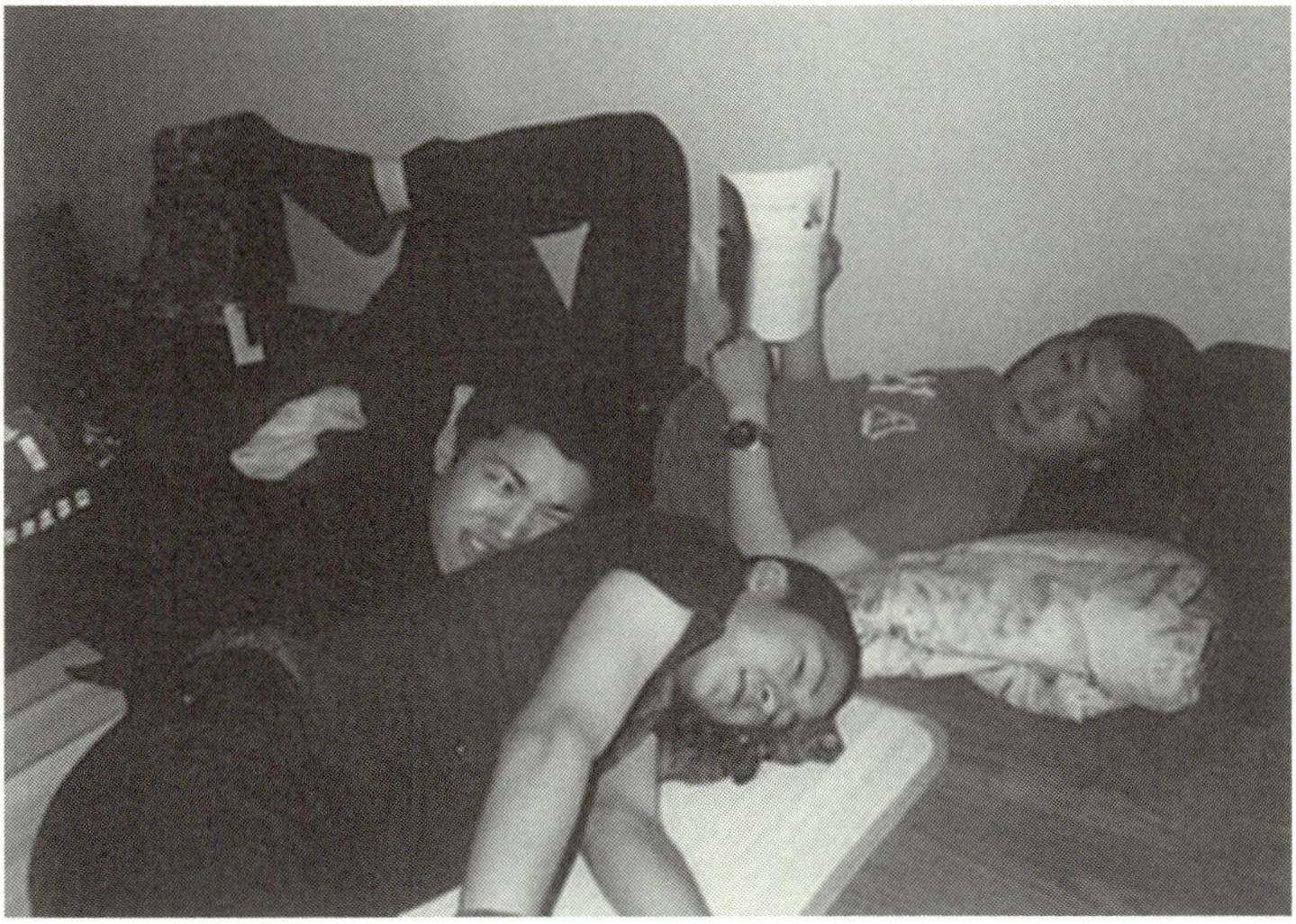

やんちゃ男兄弟

最初は「お前が悪い」「いや、お前が最初にあんなこと言うたけんや」などと言い合っていますが、そのうち「寒いな」「お腹もすいた」という話になってきます。

しばらくすると、「お母さんに謝ろうか」「うん……」とだんだんトーンダウンしていきます。

そしてついに「お母さん、お母さん」ドアをドンドン叩いて声を張り上げます。しばらくしてから、「何?」と声をかけます。

「二人で仲よくしますから、中に入れてください」

「いやいや、もう少し頭冷やした方がいいんじゃないの？」

「もういいです、すみません」「許してください」

「今度喧嘩したらどうする？」

「もう絶対喧嘩しません」

「ほんとに？」

「ほんとです」

「じゃあ、どうぞ入って」

そんなことがあったある日のこと、子ども部屋でドンドンと暴れている気配がしていました。何やってるのかなあ、と思ってドアを開けてみたら、二人がパッと離れて、肩を上げ下げしながらハアハア言っている。

「何しよるの、あんたたち？」

「何も（ハアハア）、しよらん（ハアハア）」

「何ハアハア、息が上がってるよ」

「何も（ハアハア）、しよらんて言いよる（ハアハア）、やろ」

「まあ、いいけど、私の前では喧嘩だけはしなさんなよ」

あのときの二人の真剣な表情は今も忘れません。

欲しいときはプレゼンテーションをする

何かものを買うときもわが家の子どもたちは大変だったと思います。私たちはいつもこう言い聞かせていました。

「うちの家はけっしてお金持ちではありません。まして五人もいるのですから、たとえ一人千円でも五千円になり、一万円なら五万円という大きな金額になります。だからあれが欲しいこれが欲しいと言う前に、本当に必要なものなのかそうでもないのか、自分たちでまず考えてください。

それからお金をかけて買うだけではなく、工夫をすれば何か代用できるものがないか、みんなでそれと同じようなものを作ることができないか検討してみてください。

それでもまだあなたたちが本当にこれが欲しい、これがやりたいということがあったら、お父さん、お母さんを納得させるだけの理由を説明してください。私たちが確かにあなたたちに必要だと判断したら、何とか都合をつけるし、協力もします」

今で言うところのプレゼンテーションをさせたものです。

「でも、A君とこにもある」

「それはA君のとこにはA君のところのルールがあるし、うちにはうちのルールがあるの」

「でも、A君はこれがあったら勉強がはかどるって言ってた」

「じゃあ、A君が死ぬって言ったら死ぬんな、あんた？」

と極論ではありますが、自分の意見を常に求めました。

塾の子どものお母さん方にもよく言ったものです。

「小さな頃からビシッと躾《しつ》けていなかったら、人間の欲望はどんどん膨《ふく》らんでいくものですよ。初めは〝お小遣いちょうだい〟から、小学生になったら〝千円ちょうだい〟、中学生になったら〝一万円〟とどんどんエスカレートして、それが大学生になったら〝車〟になり、社会人になったら〝お嫁さん〟が欲しいとなるんです。小さな頃にしっかりとお金の大切さを言い聞かせたら、大きくなって困ることはないよ」と。みなさんのご家庭はどうですか。

みんなで書いた反省文

ここに五人の反省文があります。テレビをみんなで観ていて、誰かが何かをしてくれて、それに対して文句を誰かが言い、また誰かが「うるさい」と言ったことからもめだして、みんなで言い合いになったときのものです。長女の啓信《けいしん》が中学三年で一番下の善然が九歳くらいのことでしょうか。

私は「そこに五人並んで正座しなさい。〝ありがとう〟と感謝していいところを、文句言って争うとは何ごとね。よく考えて反省文を書きなさい」

それが次に紹介する文章です。久しぶりに改めて読んでみると、年齢ごとにきちんと書けていることにびっくりします。先日子どもたちにも、「こんなものが出てきたよ」と言って見せると、苦笑いして読んでいました。

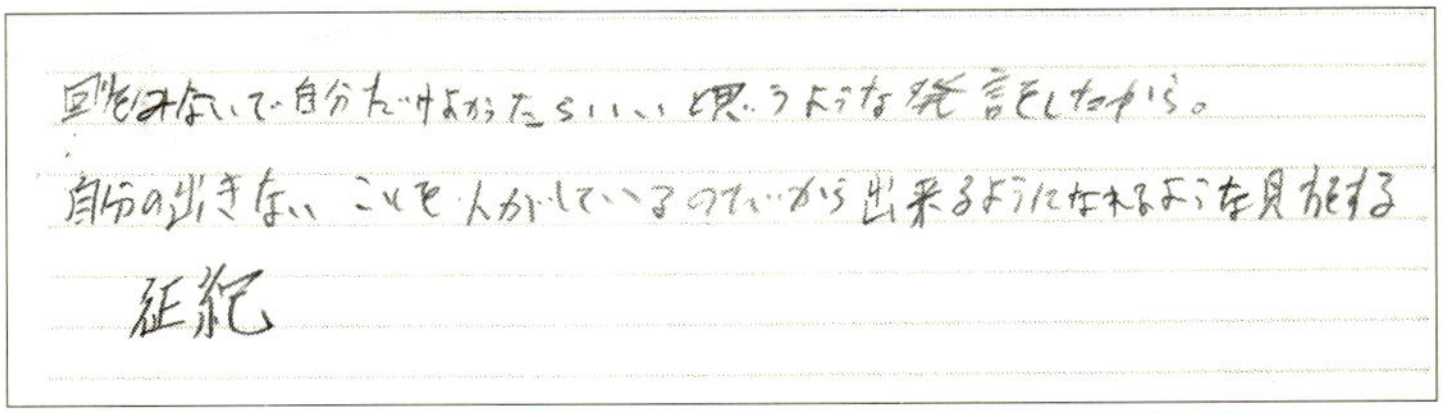

画をみないで自分だけよかったらいいと思うような発言をしたから。
自分の出きないことを人がしているのだから出来るようになれるような見方をする
征紀

長男・定栄の書いた反省文

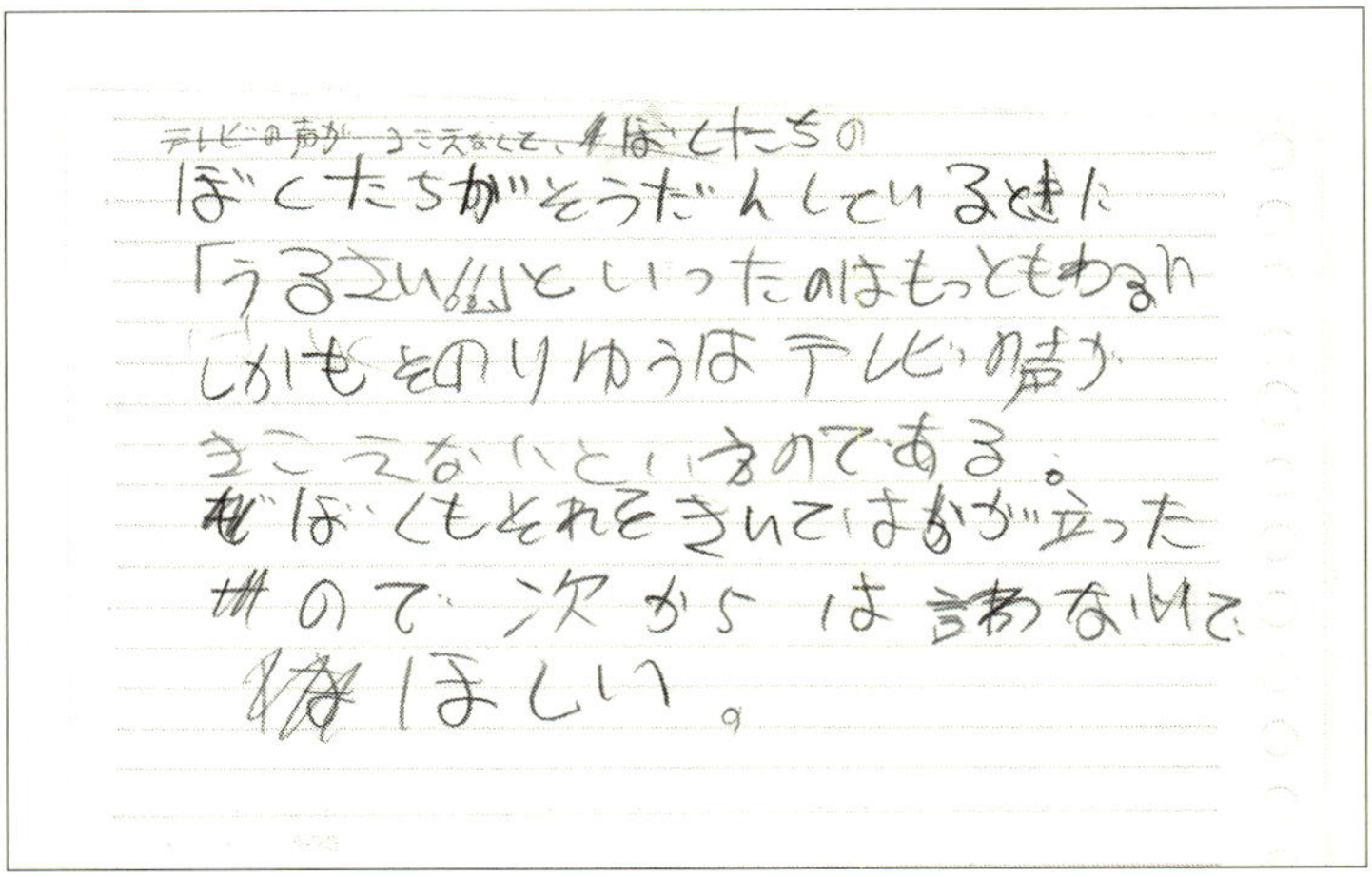

~~テレビの声がきこえなくて、ぼくたちの~~
ぼくたちがそうだんしているときに
「うるさい」といったのはもっともわるい
しかもそのりゆうはテレビの声が
きこえないというのである。
ぼくもそれをきいてはらが立った
ので次からは言わないで
ほしい。

次男・良得の書いた反省文

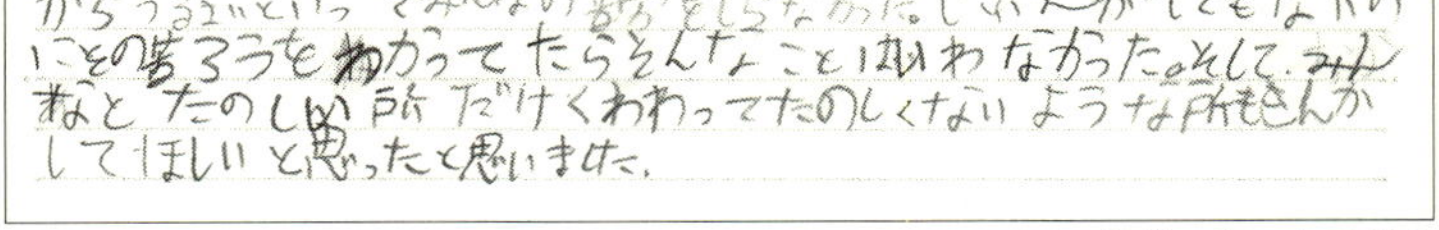

テレビのおと見てみんながしていることにきづいていなかった
からうるさいといってみんなの苦ろうをしらなかった。じぶんがしてもないの
にその苦ろうをわかってたらそんなことはいわなかった。そして、みん
なとたのしい所だけくわわってたのしくないような所もさんか
してほしいと思ったと思いました。

三男・善然の書いた反省文

私はよく言うのですが、書いたことは手が覚えている、目が覚えている、心が覚えているのです。

だから、いいことも悪いことも、何かあるとすぐに書かせました。そのせいもあってか、一人が「あのときはこうだった」と思い出のかけらを見つけると、「そうそう、良得はこう言った」「定栄はこんなことしていた」と次々に思い出していき、また盛り上がっていくのです。

この反省文には「人の気持ちになって感謝すること」がきちんと書かれていると思います。これを読んでいて、つい最近、お店のスタッフに「人の気持ち、お客さまの気持ちになって電話をとり、声をかけ、商品を準備しなさい」と雷を落としたことを思い出しました。私にとってはずっと昔に子どもたちに言っていたことを、今さら大人に向かって言うのかと歯がゆい思いもありましたが、よく考えると、子どもたちに小さな頃からそういうことをきちんと教えてきていたのだとも思いました。

長女の啓信が高校生のときに、ガールスカウトのリーダーの講習会を受けました。そのとき啓信が、「〝自分で自分のことはします〟とか〝人のことは先に〟という講習内容があるけど、当たり前のことをどうして今さら言うのかな」と不思議そうに話してくれました。

一方、子どもの頃にスカウトの経験をしないで、大人になって活動に参加される方や子どもさんが入ったから「講習会に参加してください」と言われて参加されたお母さんたちは、「分かっているけど、それが難しいのよ」と話していたそうです。

やはり小さな頃からきちんと教えて身につけるのが一番、そう確信したのでした。

顔が謝っていないと頬を叩く母

わが家の子どもたちは手伝いをよくしてくれました、いえ、させていたと言った方が正しいでしょう。手が足りないときは子どもに頼むしかなかったのです。糀作りも小さな頃から手伝ってもらいました。長女の啓信が次男の良得に、「あれだけ一緒にやったから覚えているやろ」と言っても、「まったく覚えてない」と言います。それ以上に毎日、いろいろな手伝いがあったからでしょうか。

もちろん夕食の手伝いもみんなでしてくれました。私が主人の帰る時間に合わせて料理を作っているときに、「お母さん、何か手伝う？」などと言って台所にやってきたりすると大目玉です。いえ、普通なら「○○ちゃん、ありがとう」などと褒《ほ》められるところかもしれませんが、わが家では違いました。

「そこにボーッと立ってないで、何を手伝うか自分で考えなさい。私は今これを作っているの。その手を止めて、あんたに教えろって言っても無理、そんな暇《ひま》はありません。〝今日のメニューはカレーです〟と言ったら、何と何が必要か分かるでしょう。それを自分で考えて手伝ってください」

実際、余裕《よゆう》がなかったこともありますが、自分で仕事の手順を考えて準備する習慣をつけて欲しかったからです。

「まずはお皿とスプーンとフォークをそろえておこう。水を出すのはまだ早いかな。あっ冷蔵庫に福神漬けがもう少ししか残っていない、お母さんに買ってこようか聞いてみよう。それが済んで初めて、〝他に何かすることありますか〟っていう聞き方をしなさい。それを最初から〝何すればいい？〟と人に聞いて自分の頭を使って考えなければ何の役にも立たん、力もつかんのよ」

私が特に厳しく躾けたのは長女の啓信でした。第一子をしっかりと育てれば後の子はそれを見て育つから大丈夫と思っていました。

何かいけないことをして叱られたときには、「ごめんなさい」と、泣きながら謝ります。「もうしません、ごめんなさい」と謝っているのに、「顔が全然謝ってない」と言ってバチバチ頬《ほお》を叩いたこともありました。心も顔も体もすべてを使って相手に謝ることを教えました。今なら、虐待《ぎゃくたい》と言われかねないかもしれません。

啓信さん、ごめんね。

不足を知ることの大切さ

うちの子どもたちの面白いところは、お菓子屋さんに連れて行って、「好きなものを買っていいよ」と言うと、それぞれがポテトチップスだとかせんべいを選びます。それを家に帰って食べるとき、自分の選んだものをそれぞれが勝手に食べるのではなくて、一つを開いてみんなで分け合って食べる。それを食べ終わったら、また次のを開いてみんなで食べる。満足すると「後は次のためにとっておこうね」と言ってしまっておくのです。

私の尊敬する江戸時代の儒学者《じゅがくしゃ》の貝原益軒《かいばらえきけん》（一六三〇―一七一四）は、「子どもに好きなだけ与えて満足させるとやる気を起こさなくなる、飢餓心《きがしん》がなかったら何をどうしようかといった工夫する心や苦しさを乗り越えて、さらによくしていこうという気持ちが湧《わ》いてこないので、ボーッとした人間になってしまう」と書いていました。うちではいつもふんだんにおやつがあったわけではないので、子どもたち同士で助け合い、工夫し合って食べるように心がけていました。

私は十歳のときにガールスカウトに入団しましたが、その活動の中でもとりわけ好きだったのはキャンプでした。毎年、大分県九重町《ここのえ》にある飯田高原でキャンプをするのですが、初日は何もない草原に行き、テントを張って、かまどを作ります。寝る場所と料理する場所を確保するのです。二日目にはトイレとか炊事場《すいじば》といった文化的なものを作っていきます。さらにみんなで工夫をしながら、日に日に文化度が上がっていきます。箸《はし》がなければ枝を拾ってきてナイフで削《けず》る。「この葉っぱ食べられるけん、もっと採って帰ろう」とか。「もう家に帰らなくても十分生活できるね」というまでになっていくのです。不足な部分を工夫しながら補っていくという過程がとても楽しめて、その充実感が好きでした。

その点、うちの子どもたちもキャンプのようにいつも何かが不足している中で育ちました。不足しているものを五人で智恵を出し合い、助け合い、工夫をして補ってきたのです。大変だったとは思いますが、その分だけ充実もしていたでしょう。そして今は、五人とも頼もしい大人になって、夫や私を助けてくれています。

浅利家の子どもたち――次女・真昭《しんしょう》

母は毎晩、夜寝る前に部屋を暗くして本を読んでくれました。母とゆっくり過ごす時間はその頃あまりなかったので、私はその時間がとても楽しみで日本昔話や英語の童話、家族ロビンソンを読んでくれる母の声に目を瞑《つむ》りながらも夢中になっていました。姉弟が寝た後も先が気になり寝付けず「次を読んで！」と疲れてウトウトしつつある母を起こし催促《さいそく》をすることも度々でした。

三人の子どもに恵まれた今は、私も子どもたちに「これ読んで」「もう一回この本を読んで」と、本を持って来られる立場になりました。読み聞かせをしながらも思い出すのは読んでくれていた母の声です。二十年経っても耳の奥に残っている温もりを感じながら、子どもたちへの読み聞かせを「自分で読むからもういいよ」と、子どもたちに言われるまで続けていきたいと思っています。

第三章

幼児教育はお腹の中から始まっている

結婚して始まった子育て。
しかも子どもは毎年一人ずつ増えていきました。
そんな中でまず私が取り組んだのが幼児教育です。
お腹の中から三歳までが勝負です。

就寝前の儀式

午後九時、ベッドの前に五人並べて、「気をつけ！」と声をかけます。五人は立ったまま、スカウトの消灯の歌を歌い始めます。

Day is done, gone the sun.
From the lakes, from the hills, from the sky.
All is well, safely rest.
（日は落ちぬ
海も山も空も
神のもとに安し）

God is nigh.

Good night boy scout.
Good night girl scout.

歌い終わると、みんながベッドに入ります。ガールスカウトに青春を捧げた私にとってはごく普通のことでしたが、主人は「うちの子どもは大変やなあ、普通は集会に行ったときだけガールスカウト、ボーイスカウトをするけど、毎日毎晩させられるんやからなあ」と少し同情するように見ていたようです。

歌が終わり、子どもたちがベッドに入ると、私が本を二冊ほど読みます。正しい行いをする者は必ず勝って、卑怯《ひきょう》者、悪者は懲《こ》らしめを受けるという勧善懲悪《かんぜんちょうあく》のおとぎ話です。さるかに合戦や桃太郎、花咲か爺《じい》さんといった話を聞かせて、悪いことをしたらいけない、悪いことをしたら必ず報いを受けるということを学ばせました。

話が終わると、「お母さんはまだ仕事が残っているので、テープを聞いてくださいい」といって日本語と英語が交互に入っているカセットテープを聞かせました。

Today is Sunday.
（今日は日曜日）
Taro is so happy.
（たろうはとても幸せ）
Because today is Miyochan's birthday.
（今日はみよちゃんの誕生日だから）

（『たろうのおでかけ』福音館書店）

五人の子どもたちはほとんど生まれたときからこんな夜を過ごしていました。いろいろな英語の歌を聞かせ、英語でピーターパンの話なども聞かせ、ピーターパンごっこをしたりもしました。その他にも日常生活の中でなるべく英語と触れあう機会を作りました。オーストラリアから来た女の子のジェニーをホームステイさせて塾のスタッフとして働いてもらったこともあります。

幼児の間から外国の方と楽しく触れあえる環境を作り、日常的に英語と接する機会を作ったおかげで、得意不得意はありますが、みんな一応ものおじせず英語は話せるようになりました。

長女が中学三年生のときに、ロータリーの奨学生としてニュージーランドに派遣されました。現地の人に「海外にはどのくらいいたの？」と聞かれたほど英語を話せたようです。もちろん彼女にとっては、それが初めての海外体験だったのですが。

公文式の塾では、言葉は一万時間聞き続けることで話せるようになると教えています。生まれた子どもが一年経つと、三六五日×二四時間＝八七六〇時間、二歳になる頃には普通に日本語が話せるようになります。母国語習得のパターンです。これは日本語だけでなく、英語もフランス語も同じです。小さな頃から聞き続けた言葉が母国語、つまり耳を作り、自然と話せるようになるのです。

三歳までに脳の七十パーセントができあがる

今、お母さん方の多くは、わが子を賢い子に育てなくてはいけない、という思いで子育てをしていると思います。しかし、「賢い」というのは試験でいい点数がとれるということなのでしょうか。

東大にたくさんの学生を入学させていることでも知られる予備校講師の林修《おさむ》先生が、テレビでこう話されていました。

「親御《おやご》さんはこの子をいい大学に入れてくださいと頼んで来られますが、三歳から五歳まで、つまりお子さんが幼児の頃、親は自分の子どもに何を与えていたのか、どんな刺激を入れていたか、本当はそこで決まるんです」

幼児教育の大切さを話す林先生の話を聞いて、幼い頃によい刺激を与える大切さを改めて思いました。

林先生は東大に入るためのテクニックや勉強の仕方は教えることはできるけれど、入試に必要なテクニックを覚える前にもっと大事なことは、いろいろなものに興味を持ったり、好奇心を学習に結びつけて追求していく姿勢だと言われています。そして、そういった基本的な学習習慣を身につけるためのトレーニングは、三歳から五歳の間にするのが理想的です。

幼児期の間に自分が興味を持ったいろいろなことに好奇心を持って取り組む感性教育ができていれば、受験のときには入試のテクニックやちょっとしたコツを身につけるだけで、東大入試も決して難しいものではないそうです。

最先端の大脳生理学では三歳までに脳の七〇パーセントから八〇パーセントは出来上がるという報告があります。つまり、生まれたばかりの赤ちゃんの脳は白紙の状態ですが、それから三歳までの間に脳の細胞同士のつながりや基本的な情報処理の仕組がほぼ完了するというのです。だからこそ、生まれてから三歳までにどんな刺激を与えるかがとても大事なことなのでしょう。

私がやっていた公文では、「歌二百、読み聞かせ一万（冊）賢い子」と言っています。まず本を選ぶなら、先にお話ししたように、絵本でも童話でも勧善懲悪のお話を選びます。小さな頃からよいことを勧め、悪いことを懲らしめることを学ぶためです。漫画ではなく、きれいな日本語の絵本でなくてはいけません。主語述語が整った言葉を聞いて育った子は、主語述語が整った言葉を話せるようになるのです。

読み聞かせが足りてくると、自分で読めるようになります。

「り・ん・ご」と音だけをたどたどしく読めるようになるのではなく「りんご」と読ませて、赤いりんごのイメージをつかみ、理解するように育てます。

歌も生まれたらすぐに、いえ、生まれる前の胎教《たいきょう》から聞かせてあげましょう。二百の歌を歌えるとは、一緒に歌える、違いが分かるようになることです。小さなときは丸覚えなので「うさぎおいしかのやま（うさぎ追いしかの山）」が「うさぎが美味しかった山」でもいいので、とにかく覚えることが大事。理屈は後からついてきます。

読み聞かせ一万は一冊の本でも十回読めば十冊とカウントしていきます。だいたい三千冊くらい読むと、好きな本とそうでもない本の好みができて、「この本を読んで欲しい」と持ってくるようになります。一万冊までいけば、語彙《ごい》数も増えて、コミュニケーション能力の高い、賢い子になります。

幼児教育を疎《おろそ》かにしていて、大きくなってからいろいろなものを覚えさせればいいというのでは子どもたちが大変です。小さなときにこそたくさんの刺激を入れてあげることを心がけてください。

教材も先生も本物を選ぶ

赤ちゃんの脳は何ものにも染まっていない、いわば真っ白の状態です。だから最初に入ってきたものの色に染まります。

言葉を例にすると分かりやすいと思います。大分弁の中で育っていけば子どもは放っておいても大分弁を話します。それと同様にきれいな発音の英語を覚えさせたかったら、最初にきれいな発音の英語を聞かせなければいけません。

私は、長年、英語にどっぷり浸かるイングリッシュサマーキャンプをしたいと思っていたので、企画をしたことがありました。あるとき先輩に、中国系ベトナム人の女性が参加させて欲しいと言っているけど、どう？　と相談されました。私は、最初に英語に接するのにベトナム訛《なま》りの英語を聞かせるのはよくないのではないかと率直に言いました。

言葉は美しいと言われる音を耳に入れ、それをそのましゃべればいいのですから、できるだけ美しい言葉を聞かせてください。

「マイ・フェア・レディ」という映画があります。最初は「お前、メシ食ったか」といった荒々しい言葉しか話せなかった女性が苦労して上流階級の言葉が話せるようになるというストーリーです。

初めて習うのなら、きれいな言葉で真っ白なキャンバスの上に色をつけたいものです。

これはどんなことでも同じで、まずは本物を与えることが大切です。語学で言えば、美しいと言われるきちんとした発音を聞かせる。先生を選ぶときもそうです。子どもが小さければ小さいほど先生の言うこと、やることをそのまま真似《まね》をするので、正しいきちんとしたことを教える先生であると同時に、人格的にも尊敬できるような人でなければいけません。

幼児教育にとって大事なことは、教材も先生も、親が本物を選んで与えることが求められます。

糀屋の前で４人の子どもと

端午の節句

お腹の中から始まっている幼児教育

赤ちゃんは胎児《たいじ》のとき、しかもほんの妊娠《にんしん》三～四か月のときまでに脳の基礎はできるそうです。三～四か月というのはまだ身ごもっているかどうか、自分では分からない頃、「何か変だわ、病院に行ってみようかしら」などと思っている時期です。

脳が育っていくこの大事な時期にタバコを吸ったり、お酒を飲んだりすると子どもの脳の成長に大きな影響を及ぼすそうです。江戸時代に書かれた『女大学《おんなだいがく》』にも妊娠中の飲酒はいけないと書かれています。昔の女性たちはその教えにきちんと従いながら、知識と行いによって自分たちの子孫を守ってきたのだと思います。

ところが、現代では女性の七四パーセントがお酒を飲み、しかも妊婦の一八パーセントが飲酒しているという報告があります。昔から妊娠中に大量のお酒を飲むと、未熟児が多いとか、流産をしやすくなるということはよく知られていました。そして、最近、たとえ少しのお酒でも赤ちゃんに障害を起こすことがあることが科学的に分かってきました。それが胎児性アルコール症候群です。

妊娠中にアルコールを飲むと、生まれてくる赤ちゃんに発達障碍《しょうがい》や行動障碍、学習障碍などが現れる場合があるのです。また特徴のある容貌《ようぼう》になったり、小頭症になったりもするようです。もちろん、そういう障碍のあるお子さんのお母さんがすべてお酒を飲んだ、ということではありませんが避けたいことです。

これを予防する方法は妊娠中にお酒を飲まないことです。私は妊娠中にお酒を飲まなければよかったと後悔するお母さんを一人として作りたくありません。これらを知ったうえでお酒を飲むというのであれば、それは自由です。その結果、そういう子どもが生まれてきたら、やっぱりそうだったと自分を思いきり責めればいいのです。しかし、知らなかったがゆえにそうなって後悔するのは、一番苦しく、悲しいことです。

お酒を飲む代わりにお腹の子どもに童話を読み聞かせたり、静かな音楽を聴かせてあげたりしてください。私がやっていた塾では、「国語力はお腹の中から」と言っていたほどです。幼児教育はお腹の中から始まっているのです。

実際に、お腹にいるときから本を読み聞かせていると、好きな本とそうでない本とでは、お腹の中の赤ちゃんの動きが違います。お腹の中にいるときから読み聞かせをされていた赤ちゃんの機嫌がなぜかよくない。おっぱいもあげたし、おむつも取り替えて、いつもならスヤスヤ眠るはずなのに……、そんなときは、お腹の中で動きがよかった本を読んであげると、大人しくなることもあるのです。

音に敏感な乳幼児

読書と同じく、音楽もまた赤ちゃんがお腹の中から聴かせてあげるのがいいと言います。中でもモーツァルトが情操《じょうそう》教育にはいいです。

また、生まれたばかりの赤ちゃんの耳はとても敏感《びんかん》です。近くでドアをバタンと勢いよく閉めたり、少し大きな声を出したりすると、びっくりし過ぎじゃないかと思うほど驚きます。それを知っていれば、自分ではなく子どもの耳に合わせて音楽なり音を出さないといけないのが分かります。

塾をやっていたとき、小学校三年生のお子さんが入ってきました。難聴《なんちょう》で人の話をなかなか落ち着いて聞けない子どもでした。お母さんに話を聞くと、妊娠中からご主人と二人でパチンコ屋に入り浸《びた》っていたと言います。生まれてからも、かごに入れて一日中、賑《にぎ》やかな音楽とチンチンジャラジャラという音の中で過ごしていたようです。

みんなは「あの子は難聴だし、何を言っても落ち着きがなくきちんと聞いてくれない」と言っていました。しかし、私が向かい合って心を込めて話すと、ちゃんと分かってくれるのでした。見た目は普通の子と何も変わらない、ハンディキャップがあるようには見えない子でしたが、耳の敏感なときの育て方一つでそんなふうになってしまうこともあるのです。

これもまた幼児教育の大切さ、知らないでいることの怖さを教えてくれるエピソードの一つではないでしょうか。

胎教にも気を配った孟子の母

英語を話せるようになるのも、三歳までに脳を成長させていろいろなものに興味を持つようにするのも、すべてが環境次第、特に幼児教育には環境が大切です。

「孔孟《こうもう》の教え」という言葉があるほど儒教《じゅきょう》では孔子と並んで重要な人物に挙げられる孟子《もうし》ですが、その母は紀元前の時代から幼児教育、つまり環境の大切さを知っていました。

孟子の母は生まれる前、お腹にいる間の胎教《たいきょう》にいち早く気を配りました。

「胎児は母親のお腹にいるときから一個の独立した生命体で、母親とよく意思疎通《そつう》をし、母親の喜怒哀楽も解する。母親の心身がきちんと整っていて、心が穏やかならば自《おの》ずと胎児にもいいものが伝わり、胎児の智恵と品格を形成するのにいい影響を与える」と言い、だから「この子をはらんでからは座席がきちんとしていなければ座らない、きれいに切りそろえていないものは食べない、これぞ胎教である」と口にしていたそうです。

また、「孟母三遷《もうぼさんせん》」という有名な話もあります。

孟子の母は初め墓場のそばに住んでいましたが、孟子が葬式の真似事ばかりをして遊ぶので引っ越しました。次は市場の近くでしたが、今度は商人の駆け引きの真似を孟子がし始めたので再び引っ越します。次に越したところは学校の近くでした。すると孟子は学問を志すようになったので、ここに居を定めることにしたという故事です。いかに子どもの成長にとって環境が大切であるかが分かるエピソードです。

もう一つ孟子の母の故事があります。都《みやこ》で学んでいた孟子が学業を半ばにして家に帰ってきたとき、孟子の母は織っていた機《はた》の布を断ち切り、「学問を途中でやめて帰ってくるのは、もうすぐ出来上がる織り物を切ってしまうのと同じです。急いで帰りなさい」と教えたという話（孟母断機《もうぼだんき》）です。

親の後ろ姿を見て子どもは育ちます。親はときには自分の身を切ってでも教えないといけないこともあります。子どもの教育は幼児の間から、いえ、母親の体内に宿ったときから始まっていることを肝《きも》に銘《めい》じて子育てを始めることが大事です。できれば三歳までは自分の手の届く所で育ててあげてください。

浅利家の子どもたち——長男・定栄《じょうえい》

幼い頃から英語に触れる機会の多かったわが家。寝る前に英語で童話を聞いたり、父が好きな洋楽の曲を聞いたり、母がネイティブスピーカーの友だちを連れてきたりしていました。「耳が出来れば話せる」という母の薫陶《くんとう》を受けて何よりもたくさん英語を聞きました。教科書や参考書ではなく音楽、映画、ラジオ、ニュースといったものでした。幼稚園児の頃から高校卒業まで公文式の英語を学び続け、高校三年間のほとんどは長文読解と英作文の教材で表現力を培《つちか》いました。ここでも学校とは違う母流の「単語が分からなければ、違う言い回しで言えばよい」という方針のおかげで、難しい単語は分からなくても十分に思いを伝えられる下地ができました。

二十七歳でスペイン語の学習を始めたときも、まずは聞くこと。特にラジオでスペイン語のニュースを毎日欠かさずに聞いていたところ、ある日急にスペイン語が理解出来るようになりました。赤ちゃんが言葉を覚えるのと同じ過程をたどることで他言語習得。実はとってても理にかなった勉強法だったと今では母に感謝しています。

第四章

いよいよ大切になってきた家庭教育

かつては社会教育と家庭教育、
学校教育が教育の三本柱になっていました。
しかし、地域力の減退で社会教育がだんだん影をひそめ、
核家族化が進み、家庭の教育力も弱体化しています。
社会・家庭・学校が一致協力して国家の宝である
子どもたちに力を注ぐことが求められています。

子どもを叱れない親

「手伝いもせんで台所にボーッと立ってるだけなら、邪魔《じゃま》になるからあっちに行って！」

「誰ー？　こんなところに靴下脱ぎっぱなしにしとるのは！」

「うちは子どもが五人もおるけん、親の言うことを聞かん子はおらんでもいいから、出て行きなさい！」

そんなふうに私が子どもを叱《しか》る声が、通りを三つ隔《へだ》てた川沿いにまで毎日響いていたそうです。

うちの場合、子どもを叱るのは私だけではありません。夫も私の両親からも人として取るべき道を諭《さと》されました。

夫と私は、子どもたちをどういうふうに育てたいか、いつも相談して話し合いました。夫が厳しく叱ったときは、「お父さんはあなたのことを思って叱ってくれたのだから、まず謝って感謝して、次はどうするか伝えなさい」となだめて、夫の前で「お父さんごめんなさい。僕のことを思って叱ってくれてありがとうございます。次からは気をつけて、相手のことを考えて行動するようにします」と謝らせました。

ともかくわが家の家庭教育は厳しく、徹底していました。

うちの場合、子どもが五人いたので、まだよかったのです。長女の啓信《けいしん》にはよく言ったものです。

「私たち親はパワーが強すぎるから、あんたが一人っ子やったら気が狂っとったかもね。五人に分散されたからよかったんよ。妹や弟に感謝やな」

ところが現代では家庭教育が厳しくなされていないように感じます。

教育には家庭教育、学校教育、社会教育の三つの要素があります。

本来はこの三つがバランスよく三角形を保っているのが理想です。昔は親が家庭でしっかりと躾《しつ》けたうえで学校に送り出していましたが、現代は家庭も社会も学校に依存しているのではないでしょうか。

塾をしていた頃、生徒の親によく頼まれたことがありました。

「先生、うちの子、全然言うこと聞かないんです。親の言うことを聞くように先生から言ってもらえないでしょうか」

「お母さんであるあなたが言い聞かせればいいじゃないですか」

「この子とのいい関係を壊したくないのでお願いします」

よい親子関係とは波風《なみかぜ》を立てないのではなく、〝よいものはよい〟〝悪いものは悪い〟と教える中に信頼関係が芽生え、同じ価値観を持って家庭が築かれていくものです。親は子を一人前に育てるのが務めです。

叱り方を知らない親

何年も前のことですが、東京に仕事で行ったとき、ちょっと休憩《きゅうけい》をしようと思い、ハンバーガー屋さんに入りました。席に座ってコーヒーを飲んでいると、奥に家族連れがいて、二人の子どもが大きな声を出して騒《さわ》ぎ、店内を走り回っているのです。私の隣《となり》に外国の方が座っていました。

「家ではこういうことをしてもいい、でもみんながいる場所ではしてはいけない、といった公共教育を今の日本人は忘れているんです。すみません」

そう言うと、その外国の方は苦笑いをしたものです。

残念ながら子どもたちに日常と非日常の区切りを教えられていないのです。また、お母さんの顔を見て、怖い顔をしているからいい子でいよう、と顔色を見ることだけを覚え、公共の場に来たら周りに迷惑をかけてはいけないといったＴＰＯを弁《わきま》えられないのは、公共の場でどう行動すればいいのか子どもたちが教えられていないからできないのです。

もちろんそれは親の責任です。たまに叱っている親もいますが、その叱り方が分かっていない方も多いようです。

「こういうところでみんなの迷惑にならないように静かにしていなさい」

と言うのではなく、

「ほら、おじさんが怖い顔してるでしょ」とか「静かにしていないと鬼が来るわよ」

といった言い方になっています。

子どもは、この人は自分のことを考えて、愛を持って叱っているのか、感情的なストレスを自分に向けて怒っているのかちゃんと分かります。

ともあれわが家の場合は、小さな頃から徹底的に躾けました。そのおかげで、成長するに従って叱ることはほとんどなくなりました。しかし、周りを見ていると、小さい頃に好き勝手にさせておいて、「中学生にもなってそんなことも分からんのか」と怒っている親が実に多いように思います。

地域の宝として育てられた子ども

家庭教育が失われていったのと同様に、社会教育の場もなくなってきています。

渡辺京二《きょうじ》氏の著書『逝《ゆ》きし世の面影《おもかげ》』の中に、江戸時代に日本へ訪れた外国の方が、「日本では子どもが大切にされている。地域をあげて、まるで神さまの子どものように大切に育てている」と書いた文章が紹介されています。

そういった風潮《ふうちょう》、つまり社会教育力は私が小さな頃はまだ残っていて、知らないうちの子だから放っておけとか、あんまり関係がよくない家の子だから黙っておこうといったことはなく、悪いことは悪いと叱られたものです。

「もう暗くなったから早く帰らんとお母さん、心配して探しにくるぞ」

「あっちの川は深くて流れが速いから危ないぞ」

などと、地域のおじさんやおばさんに注意されたものです。知らないと思っていたのは自分だけで、相手は私のことを知っていたからこそ声をかけてくださったのです。子どもたちで行ってはいけない場所に行ったけれど、親に見つからなかったから大丈夫と思っていたら、「あんた、あそこに行ったやろ」と親に言われる。「エエッ」と、びっくりすると「親だからあんたのすることは何でも分かるんよ」。誰も見ていないと思っても、誰かから見られていることに気づく瞬間でもあります。今なら地域の誰かが親に言ってくれたのだと分かりますが、当時は「何で分かったんかな」とただただびっくりするばかりでした。

そんなふうに、つい最近まで子どもを地域の宝、未来の地域の担い手として、分け隔てなく愛情を注いで育てました。

愛情を持って地域に育てられた子どもは、知らず知らずのうちに地域に、そしてそこに住むお年寄りたちに愛着を感じ、次代の子どもたちを育てる大人に成長していきます。

この循環こそが社会教育なのです。

社会教育のお手本——福井県の立志式

福井県で講演をすることになり、福井出身の著名な方を調べたところ、その中に、幕末に活躍した橋本左内《さない》（一八三四—一八五九）がいました。名前しか知らなかったので、さらに調べてみると、立派な人物で、西郷隆盛《さいごうたかもり》が同世代の友人として一番に尊敬し、安政《あんせい》の大獄《たいごく》で左内が亡くなったときには、その死を大いに嘆《なげ》いたそうです。

その左内が十五歳のときに書いたのが、『啓発録《けいはつろく》』です。『啓発録』には自分を奮《ふる》い立たせるための五つの行動の規範を挙げています。

「稚心《ちしん》を去れ」「気を振るえ」「志を立てよ」「学に勉《つと》めよ」「交友を択《えら》べ」

昔は数え十五歳で元服《げんぷく》ですが、その年に覚悟を決めて、こうしたものを書いたということがすごいと思いました。

左内が没して百五十年以上になりますが、福井ではこの教えを守り、市内のほとんどの中学で十四歳（数え年十五歳）になる二年生のときに、「立志式《りっしき》」を行っているそうです。立志式は学校によって、その内容は少し違うようですが、キビキビした動作で式に臨み、真剣に発表し、また人の話も聞くという、素晴らしい式だと聞いています。

私が講演に伺ったのは、保険のトップセールスをされている方々の勉強会でした。講演の前日に、みなさんと話す機会がありました。

「この職業に就いた動機は何ですか」と伺いますと、

「地域のために何かしたくて」

「人のためになるのではないかと思って」

それぞれ言葉は違いましたが、世のため人のためになる職業に就きたいと、この仕事を選んだと話されていました。どなたも地域を守り、自分を育ててくれた人たちや地域に感謝する気持ちを持たれていることに感心しました。

当日の講演会は、みなさん背筋をピンと伸ばして聞いてくださり、社会教育、学校教育の大切さを改めて感じました。

福井県が学力とスポーツで全国トップクラス、住みやすさも一位というのが納得できました。

私のささやかな社会教育

私が住む大分県の佐伯《さえき》でも昔に比べると社会教育力は失われているのを感じます。私はおせっかいが大好きで、余計な世話を焼きたい方なので、ついつい意見をしたくなります。

昔、家の前を暴走族が走り回って、うるさくて仕方ないことがありました。主人は私に「出て行って余計なこと言うと、何されるか分からんから、お前は何も言うな、警察に言え」と釘《くぎ》を刺されたほどです。

長女のお祝い

そんな私も少しは成長して、最近ではお世話をしていただくような場面にも立つことがあります。
例えば、電車に乗って席が空いてなくて立っていたら席を譲《ゆず》ってもらうことがよくあります。若い子がどうしようと思って迷いながらも勇気を出して「どうぞ」って譲ってくれているのが分かるのです。髪が結構白いので年寄りに見えるのでしょうが、私自身はまだ席を譲ってもらうほどの年齢ではないと思っています。もし私が「いや結構です」と答えたら、その子の勇気は挫《くじ》けてしまって、次からはもうそんな勇気を出そうとも思わないでしょう。だから私は、「ありがとう」と言って気持ちよく座らせてもらいます。するとその子の心は、「ああ、勇気を出して頑張って声をかけてよかった」と満足感に満たされるでしょう。

朝、店の前をほうきで掃《は》いたり、ゴミを拾ったりしているときに、子どもが通ったら「おはよう！」と声をかけます。最近の子は、挨拶《あいさつ》を返すこともできないし、ゴミが落ちていても拾わないと文句を言う前に、私たち大人はどうなのでしょう？　きちんと子どもたちにお手本となる後ろ姿を見せているだろうか？　と反省しなければなりません。

「ゴミを拾いなさい」「挨拶をしなさい」と言う前に、大人の私が手本を示せるように行動します。私の「おはよう」という挨拶に、元気な返事を返してくれたら、「あんたすごいね、ちゃんと挨拶ができるんやな」と思いっきり褒《ほ》めます。

まず、大人が手本を示して、挨拶をしたら気持ちいい、ゴミを拾ってきれいにしたら心の中がスカッとして気持ちいい、ということを体験してもらう。それが私のできる一日一善、ささやかな社会へのお手伝いなのです。

都会では核家族化が進み、マンション暮らしも増え、なかなか気持ちのよい挨拶を交わすことも難しくなってきています。「知らない人から声をかけられても、相手にしてはダメ」という残念な時代でもあります。

だからこそ、呼び戻したいのは家庭での教育力です。

浅利家の子どもたち――次男・良得《りょうとく》

両親はいつも遅くまで仕事をしていたため、物心がついた頃から「自分でできる事は自分でしてね」というのが家族のルールでした。

子ども扱いされることはほとんどなく、家庭は共同生活の場としていたこともあり、いろいろな家事を五人の子どもたちで分担して行っていました。夕食の前に割り箸《ばし》で作られたくじを引いて翌日の仕事の分担を決めます。くじには、お風呂洗い、下足整理、水汲みと愛犬の散歩、洗濯、フリーと書いてあり、引いたくじに書いてある作業を、責任を持って行うという仕組みです。

中学になると曜日替わりで弁当作りの当番制が始まりました。献立《こんだて》を考える所から、夕方の買い出し、当日は朝早く起きて五人分の昼の弁当を作るようになりました。

嫌々ながらもいろいろと考えて作業していると、だんだんと「この次は何をしなきゃいけない」と作業の段取りを組み立てられるようになりました。今となっては、料理や身の周りのことが自分でできるということはとても有り難いことです。

単に与えられた仕事をこなすだけではなく、自分で考えながら手伝いをすることで「自らの頭で考えて行動をする」ことができるようになりました。

現在、私は糀屋《こうじや》本店で糀作りを主に担当していますが、先代から習った技術と大学で学んだ糀菌《こうじきん》や酵素《こうそ》の性質などを考慮《こうりょ》して、よりお客さまから喜ばれるよい糀を作るにはどうするべきなのか考え、作業工程を改良するなど日々の仕込みに応用しています。

自らの頭で考え、実践しながら修得《しゅうとく》していく。まさに幼少期に母から教えられ、手伝いの中から得た習慣が糀屋本店の暖簾《のれん》と技術を受け継ぐための土台となっていると思います。

第五章

母性を磨く

母性とは本来女性が持っている子どもや弱者を守り、
育てたいという慈悲心です。
母性は磨き出すもの、
時代が流れても母性そのものは変わりません。
私の母性の原点になった
ガールスカウトの話を中心に、
私自身がこれまでどのような勉強をし、
母性を磨いてきたか、そんな話をしましょう。

親になるにもライセンスが必要

長女が生まれたのは結婚した翌年、私が二十六歳、主人が二十三歳のときでした。お互いに若く、何の経験もないままに子どもを育てるということに、大きな不安を感じていました。そこで私は手当り次第に育児書を読み始めました。自動車の運転をしようと思ったら、まずは教習所に行って練習し、試験を受けてライセンスを取得することが必要です。それと同じように、母親になるためにも何か練習や勉強をしないといけないと思ったのです。そうは言っても子育ての練習はできないので、せめて本を読んで、しっかりと知識を入れて備えることにしました。

もともと本を読むことは大好きでした。小学校五年生まで一人っ子だったため、夜は一人で本を読み、物語の中でお姉さんや友だちと遊んだり、ときには見知らぬ街や森に行って楽しんだりしていました。高校の頃からの知り合いの本屋さんに欲しい本をお願いをすれば、どんな本でも取り寄せてくれました。

その本屋のお兄さんが「そんなに育児書ばかり読んでどうするんか」と驚くほど手当り次第に読んだものです。

まず手にしたのは当時、日本でも大流行し、世界中で『聖書』の次に売れたと言われていた『スポック博士の育児書』。他には『ホワイト博士の育児書』、ドーマン博士のものなど、海外の育児書を熱心に読みました。こうした本で親の役割や子どもをどのように扱ったらいいかを学びました。

もちろん海外のものだけでなく、日本のものも読みました。よく覚えているのは医師で育児評論家でもある松田道雄さんの『私は赤ちゃん』『私は二歳』という本です。これは「お母さん、私はね、こう言うときに泣くんだよ」「この時期、こんな病気になることがあるけど、大丈夫だから、あまり心配しないで」といったふうに赤ちゃんの側からお母さんに話しかけるような内容の本でした。

同じく松田道雄さんの『育児の百科』という百科事典も手放せないものの一つでした。月齢《げつれい》別に書かれてあって第一子のときは特に重宝しました。

当時よく読まれていたものだけではなく、江戸時代の本にまでさかのぼりました。

貝原益軒《かいばらえきけん》の著書や『女大学《おんなだいがく》』などです。

『女大学』は江戸時代の中期から女子教育の教科書として日本で使われた本でした。江戸時代の女性が素晴らしかったのは、この本を読んで母親とはこう言うものだというこことを知っていたからだと思います。昔の言葉で書かれている本だったので、まるで外国語の本を読むようにパラパラと拾い読みをしたものです。

また、貝原益軒の『和俗童子訓《わぞくどうじくん》』は「教育は早くから始めるほどいい」と説き、「何歳でこういうことをさせなさい」といったことが事細かに書かれているので、私もそれをお手本にして、浅利家の「和俗童子訓」を作りました。それは第七章で詳しく紹介しましょう。

本を読むときは同じテーマの本を探して読み、気に入った著者の物を買い集めます。一つの価値観にとらわれることなく、手に入る本は片っ端《かたっぱし》から読んでいきました。子育てをするときでも、いろいろな本を読み、情報を集めて、そこから真理を引き出しました。それが正解だったかどうかは、子どもが成長したときに分かると確信していました。

さまざまな本を読んで、子どもの行動パターンを見極め、どういう導き方をすればいいのか、子育ての基本を本の中から探し、実践しました。

ガールスカウトの教え

私がガールスカウトに入団したのは小学校五年生の四月でした。たまたま友だちから「あんたも入らん？」と誘われたのがきっかけです。一人っ子だった私は、すぐに夢中になりました。週に一回そこにいけば姉妹同様の仲間がいる。さらに全国に、いえ世界中にまで姉と妹が広がっている、それは夢のような世界でした。

十歳というのは人生の問題解決のパターンを身につけると言われる時期です。ちょうどその年にガールスカウトに入団し学び始めたことがきっかけで、スカウトの精神と教えが、その後の私の人生の行動の基本になっています。スカウティングスピリットの根底にあるのが、創始者ロバート・ベーデン・パウエルが示してくださったガールスカウトの「やくそくとおきて」です。

まずはそれを紹介しましょう。

ガールスカウト　やくそく
　私は名誉にかけて神（仏）と国とに対するつとめを行い、いつも他の人々を助け、ガールスカウトのおきてを守るようにいたします。

おきて
一、ガールスカウトの名誉は信頼されることであります。
二、ガールスカウトは忠実であります。
三、ガールスカウトのつとめは人を助け人に役立つことであります。
四、ガールスカウトは全ての人々の友達であり、他のガールスカウトとは互いに姉妹であります。
五、ガールスカウトは礼儀を正しくします。
六、ガールスカウトは生き物をかわいがります。

七、ガールスカウトは規律にしたがいます。
八、ガールスカウトは快活《かいかつ》であります。
九、ガールスカウトは倹約《けんやく》します。
十、ガールスカウトは思いにも言葉にも行いにも純潔《じゅんけつ》であります。
（活動当時のもの　平成十二年に改訂された）

これを毎週の集会や式典の度に唱えます。また日常生活でも心がけるよう教えられました。この「やくそく」と「おきて」を何千回、何万回唱えたことでしょう。ここに紹介したものは私が活動していた頃に唱えていた言葉で、今は少し変化しています。

私はこのおきて十の「思いにも言葉にも行いにも純潔であります」という部分が大好きでした。唱えるときは胸に刻み込み、誇りを感じていました。ところが平成十二年に改訂され、新しくなったやくそくには、「純潔」という言葉が消えてしまったことが、残念で仕方ありません。

日本の女性は本来「純潔」を保つことを美徳としてきました。武士の妻がいつも短刀を忍ばせていたのは、純潔が汚されそうになったときには自害する覚悟を促すためです。また、戦争で未亡人になっても女手一つで子どもたちを立派に育て上げた話がたくさんあるのは、日本女性の誇りとも言えるでしょう。

戦後、この純潔に対する価値観が大きく変わったため、こうした考えをそのまま今の時代に持ち込むのは難しいかもしれませんが、日本女性の高潔な魂は何百年と受け継がれてきたことを忘れないで欲しいと思うのです。

女性の本懐

ボーイスカウトは一九〇〇年代初めにイギリスの軍人だったロバート・ベーデン・パウエルが始めた活動です。「スカウト」というのは斥候《せっこう》という意味で、野外活動を通じてたくましい男の子、少年兵を育てるという目的で生まれたものです。

ガールスカウトはポウエルの妹が始めたもので、イギリスでは「ガールガイド」と言っていました。つまり女性は兵になるのではなく、女性としての品格を高め、将来はよき母として子どもを導ける人になって欲しいという思いから生まれたそうです。ガールスカウトに入団したら、まず初めに「人のお世話を焼くよりもまずは自分のことは自分でできるようになりましょう」と指導されます。自分のことをきちんとできるようになってから、人さまのお役に立てるような技術を習得するようにと教えられました。

あるとき、失恋をした私は、

「もう二度と傷つきたくないから、恋愛はしない、結婚もしない。ガールスカウトに命をかけます」

と、私たちを指導してくださっていた大北トレーナーに言ったことがありました。

すると、大北トレーナーはあきれたような顔をして、

「あなた、そんな寂《さび》しいことを言わないでください。ガールスカウトの最終目標は結婚をしてよき妻となり、子どもを授《さず》かり、よき母となって子どもたちをよき社会人として世に送り出すことなんですから」

ガールスカウト時代の著者

と諭してくださいました。

私は「分かりました。素晴らしい人と巡り合う努力をします」と答えました。

もともとボーイスカウトとガールスカウトの目的は違います。それは男女の役割が違っているからです。男性はたくましく育ち、やがて家族を、そして社会を支えていく存在であり、女性は感受性豊かに育ち、子どもを授かって、よき社会人として育てたわが子を世に送り出すことが大切な役割なのです。男女は自立しつつも、ときには互いに協力し支え合って、共に命を輝かせて生きていくのが理想です。

女性が仕事をするべきではないと言っているわけではありません。私も仕事をしてきましたし、今もしています。

私が目標に掲げているのは国連の高等弁務官を務めた緒方貞子《おがたさだこ》さんです。あの方のようにまずはよき妻、よき母であり、さらに母である経験を生かしながら、子どもたちを育て上げた後、素晴らしい仕事をされている諸先輩方もおられます。

「男子の本懐《ほんかい》」という言葉がありますが、「子どもを授かり、立派に育てて社会に役立つ人材として送り出す」ことこそ、女性の女性たる本懐だと信じています。

今は男女平等の時代なのに、時代錯誤《さくご》だと思われる方もいるかもしれません。もちろん男女は平等ですが、役割が違うのです。

男女平等を理由に、中学や高校の男女が体操服に着替えるのに同じ部屋でする、などと聞いたこともありますが、そんな時代だからこそ、母性をより意識して守り、育てていかなければならないと思うのです。

時代に流されることなく母性を育てる

長男定栄《じょうえい》の薦《すす》めでナイチンゲールの『看護覚え書』という本を読みました。「いい本だから読んでみるといいよ」と渡されたのです。この本の冒頭にこんなことが書かれていました。

看護というのは決して特別なものではなく、赤ちゃんを育てたり、お年寄りの面倒を見たりするのと変わらない。弱き者に手を差し伸べたり、痛いところを撫《な》でてあげるといったことは、人間に本来、備わっている母性というか、善性なのだ、というのです。

そして、糀《こうじ》もまた手をかけて育てあげることでその出来が大きく違ってきます。子育ても糀育てもまったく同じです。いかに相手の身になって面倒を見るかです。

この本を読んだ頃に日本緩和医療学会が横浜であり、いろいろな話を聞いてきました。主に終末医療の話でしたが、日野原重明《ひのはらしげあき》先生やカトリックのシスターの高木慶子《たかきよしこ》先生などがパネリストとして参加されていました。

日野原先生がお話されていたのは、科学技術が進み、呼吸が苦しいから酸素を送り込もう、食べ物が喉《のど》を通らなくなったから胃に穴をあけて食物を入れようなど、機械で人間の命をコントロールできる時代になったことで、自然に、静かに死なせてあげようという医療や患者の心が見えなくなっているというものでした。

二〇〇七年一月に逝《い》った私の母も、もう二日か三日後には亡くなってしまうのが分かっていながら、「脊髄《せきずい》に薬を入れましょうか」「別の機械を付けましょうか」などと言われました。しかし、残された時間が三日しかないと分かっていたなら、「あのときはありがとう」「楽しかったね」と思い出を共有し、感謝を伝えたかったという心残りがありました。別れが近くなったとき、家族で集まって残された時間を静かに過ごすことが大切なのではないかと考えていたので、日野原先生の話にとても共感しました。

また、ある大学病院の先生がこんな話をされました。

がんの末期の患者さんが眠れなくて困っているというので、睡眠導入剤を処方していたそうですが、それでもなかなか眠れない。

「自分が病院に入る前は毎晩一合の酒を飲んだらすぐに寝られた。一杯の酒さえあれば、こんな薬いらないのに」

と、その患者さんがポツリと言ったそうです。

「それじゃあ」ということで一合は無理だけど、その半分くらいのお酒を倍に薄めて一合にして飲ませてあげた。すると、ぐっすりと眠れるようになったそうです。そして、病状が進み、もう何日も持たないという頃、その先生が当直になり、患者さんを診に行くと、「先生、あんたも飲まんかな」とお酒を勧められたのです。本来なら仕事中は決して飲みません。でも、もう患者さんの先が長くないことが分かっていたので、「たまにはいいですね、いただきましょう」と言って、一緒に飲みながらいろんな話をしたそうです。そして、その患者さんの最期のとき、「あのとき、先生と飲んだ酒が一番うまかった」と言ってくださったと。

あちらの世界に逝くときも、冷たい機械に命を委《ゆだ》ねるのではなくて、温かい手を添えて人としての尊厳を守り見送る、まさにそれが看護の心であり、母の心でもあると感じ、深く感動しました。

科学技術が先行して心の部分が見えなくなってしまいがちですが、こうした心こそ忘れてはいけないものではないでしょうか。

人間性も、そして母性も、時代や風潮《ふうちょう》に流されることなく、守り育てていく社会を築く必要性を改めて感じました。

浅利家の子どもたち——三男・善然《ぜんねん》

両親の教育を振り返ると、思い出すほとんどの記憶が厳しく叱《しか》られたことでした。今となっては感謝しかありませんが、当時は正直なところかなりしんどかったです。父が厳しいだけでなく、母も父同様かそれ以上に、私たちを厳しく育ててくれました。

特に叱られていたのは、私の場合、「自分の頭で考えることをしない」状況を作ったときだったように思います。たとえば、幼少から中学まで通っていた公文式で、どうしても数学の問題が解けず、スタッフの先生に答えを聞き出そうとしていると「人の褌《ふんどし》で相撲《すもう》を取らんの。自分の頭で考えなさい」と母。当時の私は泣いてしまいましたが、そんな私を見て、「誰があなたを泣かせているの？　悪いのは私？」と言われ、結局のところ自分を泣かせているのは「自分で考えることをしない自分自身」ということに気付かされたものでした。当時は嫌で仕方なかった両親の教育でしたが、今の仕事を楽しめているのは、「自分の頭で考えること」を叩《たた》き込んでくれた両親のおかげであると感じています。

第六章

泣けば泣くほど叱られる浅利家の家庭教育

厳しい家庭教育を実行した浅利家。
泣けば泣くほど叱《しか》られる。
理想と現実の狭間《はざま》に立ちながらも、
試行錯誤《さくご》しながら実践してきた
浅利家の家庭教育を公開します。

女の子は盆栽のように育てる

教育の目指すべき基本は「社会に役立つ人間になる」ことですが、男と女では目標も育て方も違います。その違いを学んだのは、私の場合、ガールスカウトの教えの中にありました。

すでに何度か書きましたが、ガールスカウトが目指す女性像は家庭を守り、子どもを授かり、立派な人に育てて社会へ送り出す。ボーイスカウトが目指すのは、社会に出て、家族を守り、地域に役立ち、国を築く力となる、というものです。

女性は日常で家庭を守り、男はいざというとき、家族の命と国を守るのです。そうして男と女が協力し合って立派な未来を作る、それは理想の夫婦像でもあります。

日本でも、昔から女性を大和撫子《やまとなでしこ》、男性を大和男《やまとおのこ》と呼ぶように、体の作りも違うし、生まれてきた目的も違います。

男女の各々の最終的な目標を、昔の人と同じように小さな頃からきちんと伝えてきました。子どもは育てたように育つのですから、男の子は男らしく、女の子は女らしく育ててきたということです。

わが家では基本的には女の子を厳しく育てました。言ってみれば女の子は盆栽《ぼんさい》のように、針金を巻いて無理に矯正《きょうせい》してでも、枝振《えだぶ》りが立派で、姿、形や見た目も美しくなるようにガンガンうるさく育てました。

長女にはよくこう言ったものです。

「女だから損したって思ったらいけん。躾《しつ》けられたことを感謝するときが必ずくる。今は私を鬼婆《おにばば》と思っているかもしれないけど、将来、これでよかったと思うときが来るんだから。あなたは嫁にいく身だからこそ厳しく躾けるの。嫁《とつ》ぎ先のお母さんから、〝うちの子の嫁があなたでよかったわ〟と感謝されたとき、あなたは初めて私に感謝するんよ」

女の子が好き放題に手足を伸ばして大きく成長し、嫁ぎ先のルールに従わなければいけないときに、初めて泣く泣く伸ばしすぎた手足を、痛い思いをして切ったり縮めたりしなくてすむように、幼い頃から自由にし放題ではなく、美しく整え、厳しく育てたのです。

男は原始林のように育てる

女の子が盆栽なら、男の子は原始林です。男の子たちは命に関わらなければ、少々無茶をしてもいいと思っていました。小さくまとまるよりはまっすぐ伸びて、大地に深く根を張る大木になって欲しいという気持ちでした。

男の子三人を育てて感じたことの中で、一番面白かったのが男の子と女の子の興味の持ち方の違いでした。女の子は五本の指のように均等に伸びていきます。つまりいろいろなことにバランスよく興味を持ちながら育ちます。ところが男の子は違います。親指だけぐんぐん伸びていき、後の四本の指は放ったらかし、大丈夫かなと心配していると、ある日突然親指の成長がピタッと止まってしまう。あれほどこだわっていた親指は動かなくなり、今度は小指だけがドンドン伸びていく。つまり、あれもこれもというのではなく、一つ一つ極めていくように成長していきます。

お母さんの手料理が食卓を明るくする

それを母親が「そうではなく五本の指が少しずつ伸びていくようにしなさい」などと矯正すると、女の子のような性質になってしまう気がしました。

私事になりますが、平成二十五年に内閣府の「女性のチャレンジ賞」をいただきました。

「塩糀《しおこうじ》ブームの火付け役として、全国の仲間に勇気を与え、日本古来の食材である糀の新たな活用法を広め、普及させた取り組みは、女性起業家のお手本になる」というのが受賞の理由でした。

その私が言うのも何ですが、女性が男性を差し置いて男性のように何でもするというのは私の本意ではなく、家庭ではご主人がトップ、奥さんはナンバー2であるのが理想です。旦那さんがいるときは参謀《さんぼう》役に徹する。しかし留守のときは二番目だからといってナヨナヨせず、トップに立って、家族や子どもたちを引っ張っていく手腕を発揮していく。そちらの方が難しいかもしれません。

子どもたちが将来、男性として、女性として、本領を発揮できる大人になるようにとの信念のもとに、家庭教育を実践してきました。

浅利家の家庭教育その一――人に迷惑をかけない

ちょうど私たちが子育てをしている頃、自由放任主義という育て方が流行っていました。そのせいか、いろんな所に子どもを連れていき、子どもがワーワー言って走り回っても、戒《いまし》めることをせず、「うちは自由にさせているんです」と言って笑っている親さえいました。

あるいは電車の座席で子どもが靴《くつ》を履《は》いたまま窓から外を見ていても知らん顔。それは自由に育てているのではなく、単にわがままを許しているだけのことです。

自由を謳歌《おうか》するためには義務があることを忘れてはいけません。きちんとルールを守り、人に迷惑をかけないことが大前提です。そのうえで自由に育てるのであれば何の文句もありません。

人に迷惑をかけない、それを教えることが家庭教育の第一歩だと思います。言葉を換えれば「躾」です。

男の子は、原始林のように育てばいいとは言っても、最低限のルールを守る躾は必要です。動物であれば泣いて笑って食べて、それこそ毎日をただ何となく過ごしていけばいいのでしょう。しかし、人間である以上、最低限のルールを守らなくてはいけません、人さまの嫌がることをしない、それが人さまに迷惑をかけない、ということです。

浅利家の家庭教育その二――決められたことをきちんとする

現代の日本では、自由が声高《こわだか》に叫《さけ》ばれる一方で、義務という言葉はなかなかお目にかかれません。

私がガールスカウトで学んだことの一つに、自由と義務というものがあります。

キャンプに行くとリーダーが必ず「今回のキャンプサイトはこの森の端《はし》から川の手前の木までです。決してそこから出ないように」という注意があります。

キャンプサイトの中では何をしても自由。しかし、一歩、キャンプサイトから出ると深い川があったり、知らない人がいたりして危険なことがたくさんある。つまり、そこから出ないというルール（義務）を守っている限り、私たちは安全だと教えられました。

わが家でも守るべきルールがいくつかありました。門限もその一つです。わずか十分でも門限に遅れると大目玉です。

「門限を守る限りあれをしたらいけない、これをしたらいけないとうるさく言いません。わずか十分くらいと言うかもしれないけど、いつも六時に帰ってくるのに帰ってこない。何かあったんじゃないかとどれだけ心配するか。今も川で溺《おぼ》れてるんじゃないかと心配して探しにいくところでした。もし、時間通りに帰れなかったら、こういう理由で遅れますと必ず連絡しなさい。よそのお宅の門限は知らんけど、浅利家では六時が門限です。決まっているものは守ってもらいます」

門限だけではなく、決められたお手伝いもきちんとする、勉強も決められたことはする、そのうえでなら、何をしようと自由、それがわが家のルールでした。

浅利家の家庭教育その三──小さな嘘を許さない

子どもは、小さな嘘《うそ》をつくことがあります。それを「かわいい嘘だね」などと笑って許してはいけません。

小さな嘘を許しておくと、どんどん嘘をつくのが上手になっていきます。中でもよくないのは自分がしたのに、「していません」という嘘です。自分自身に嘘をつくことに慣れてしまうと大変です。自分をごまかす人間にだけはなって欲しくありません。

小さな嘘を見逃さず、簡単にごまかせるんだと思う心をなくすように育てます。

小さな嘘を叱《しか》ることが大事です。

「していません」

と逃げるのではなく、

「僕がやりました、ごめんなさい。次からはもうしません」と堂々と謝ることが大切。そして、こんな思いはしたくないと自分で自分を戒《いまし》めて育つことが大事。

嘘の芽は摘《つ》まれて、大きな嘘へとエスカレートしていくことはありません。

浅利家の家庭教育その四――自分のことは自分でする

ガールスカウト（小学校四年生〜）に入る前のブラウニースカウト（小学校一年生〜三年生）部門での基本は「自分のことは自分でします」です。服を着たり、たたんだり、バッグに入れたり、幼い頃から自分のことは自分ですることを身につけることが目標です。

「お母さんの手は二本、足も二本しかありません。ところがうちは五人の子どもがいます。お母さん一人で、みんなの面倒はとても見きれないし、誰かのことだけやると不公平になるので、みなさん自分のことは自分でしてください。お願いします」

いつも子どもたちにそう伝えていました。

子どもが少ないせいもあるでしょうが、今の子どもたちはお母さんがやってくれて当たり前だと思っています。お母さんも「明日の時間割見せて」などと、せっせと子どもに代わって用意をします。学校に行って、物差しが入ってなかったりすると、家に帰ってきて、「お母さん、物差し入れるの忘れたでしょ。学校で恥かいたじゃない」などと文句まで言うのです。

わが家では自分のことは自分でするということを徹底しました。いずれ大きくなったら自分でしないといけなくなる、ならばできるだけ小さなうちから自分でできるようにした方が子どものためです。

とはいっても、最初から自分でやりなさいと突き放すのではなく、最初は一緒にやります。横で見ていて、できない部分のやり方を説明し、やってみせる、自分でできる部分が増えていき、やがてそばにいなくても一人でできるようになります。

親が代わりにやってあげていると、二十歳になっても自分のことができない大人になりかねません。あるいは大人になって大変な思いをして自分でやることを覚えるようになります。

幼い頃から自分ですることの大変さを知ると、代わりにしてくれた人には「ありがとう」という感謝の言葉が自然と出てくるようになり、いいこと尽くめではないでしょうか。

浅利家の家庭教育その五——人のお手伝いをする（初級編）

自分のことを自分でできるようになれば、次は誰かのお役に立つ手伝いをさせました。

次頁の表のようにお手伝いのカレンダーを作り、風呂、洗濯、水汲《く》みと愛犬ドンキーの散歩、弁当作り、そして一人は休みというように、五人で分担してやっていました。

自分のことが自分でできるようになると、人に対してもツボを抑えた手伝い、やさしさを示すことができるようになります。自分がやっていれば、「あの人少しきつそ

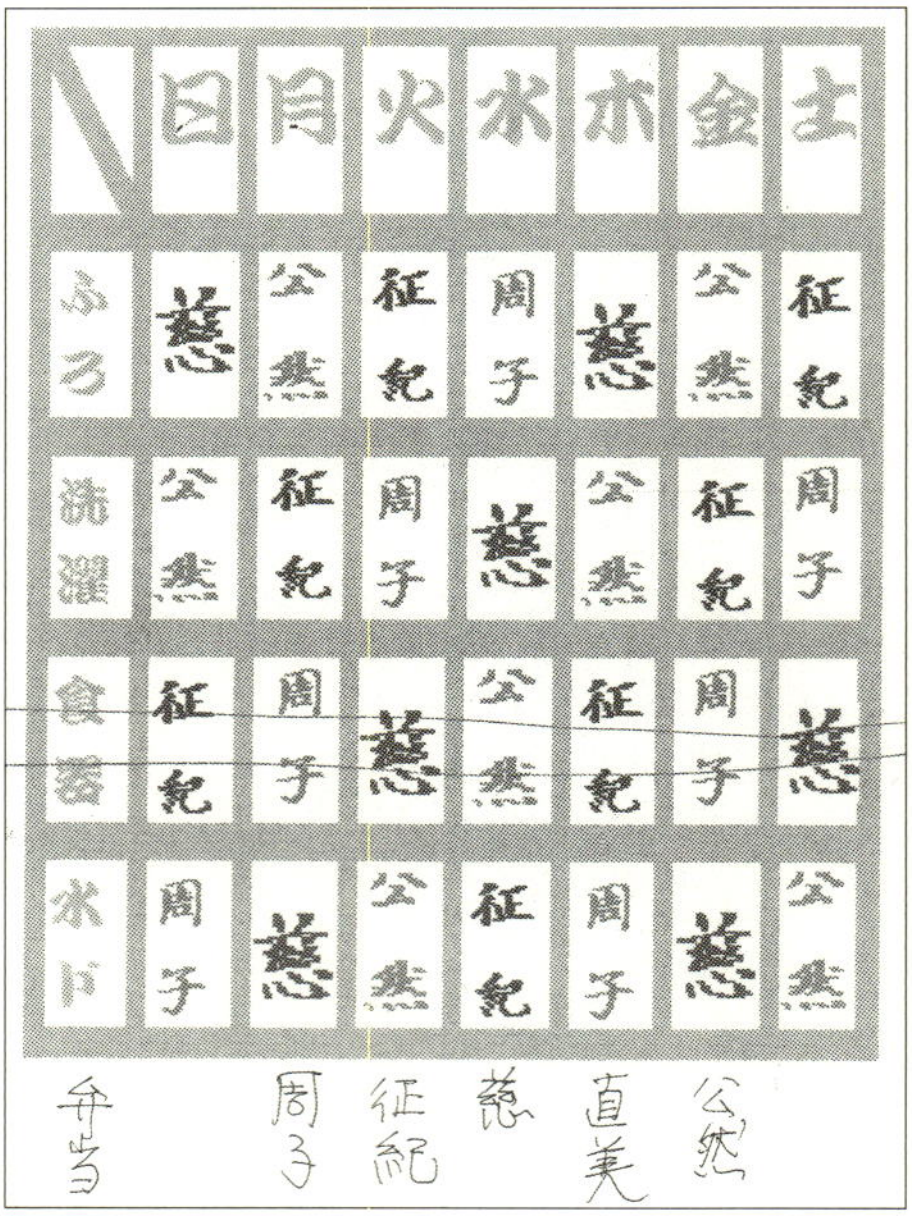

お手伝いカレンダー

うだな」ということも分かるでしょうし、「相手が手を貸して欲しい」と思っていることも分かります。あるいは逆に「ここは絶対に手を出して欲しくない」ということも分かるものです。

つまり、自分のことが自分でできるようになって初めて、人の手伝いもきちんとできるようになるということです。いつ、どんな声をかけ、どこで手を出し、どこで黙っていればいいかが分かるのです。

小さな頃から、手伝いをしてきたおかげで、うちの子どもたちはみんな身の周りのことは一通りできるようになって成人しました。

浅利家の家庭教育その六――人のお手伝いをする（上級編）

「夕ご飯の手伝い」の話を覚えているでしょうか。献立《こんだて》がカレーライスだと分かったら、何も言われなくても何が必要か、何をどう用意すればいいか自分で考えてお手伝いをしなさい、という話です。

状況を見て指示をされる前に、自分なりに考えて手伝うようにするのが、わが家の家庭教育でした。

将来どこかに勤めるかもしれません。上司にコピーをとってくれと頼まれることもあるでしょう。この上司はコピーの束《たば》をクリップで留めるのか、ホッチキスか、パンチか、そのままか、普段の行動を観察していれば、そんな気配りも自然とできるような人に育っていくでしょう。

そんなちょっとした思いやりで、「ありがとう、気が利《き》くね」と言われ、職場の人間関係が良好なものになっていく。自分のいる場所を快適にするために努力をし、最終的には世のため人のためになることを進んで実践する人に育っていって欲しいと願い続けてきました。

浅利家の家庭教育その七――人の役に立つ

心に喜びが湧《わ》くときはどのようなときでしょう。自分の思い通りになったときではありません。誰かのために役に立ち、「ありがとう」という言葉をいただいたその瞬間こそが心に喜びが湧くときです。特別な場で特別なことをするのではありません。

この本をお読みになっている方の中には、小さな子どもが人の役に立つのは無理だと思われている人もいるかもしれません。

仏教に「無財《むざい》の七施《しちせ》」という教えがあります。お金やものがなくても、相手の心に布施《ふせ》をすることができるという教えです。

こうした日常のちょっとした心配りで人生は豊かになっていきます。

人の心に喜びを送る徳積《とくづ》みは老若男女《ろうにゃくなんにょ》にかかわらずできます。特に、身体と心を使っての布施はいつでもどこでも誰でも実践できます。「はい」と元気な返事をしたり、「おはようございます」と爽《さわ》やかな挨拶《あいさつ》をしたりするだけで、それを聞いた人はきっと爽やかな気持ちになるでしょう。

・眼施《げんせ》――優しい思いやりのまなざしを向ける
・和顔悦色施《わがんえつじきせ》――穏やかな楽しい顔つきをする
・言辞施《げんじせ》――優しく温かい言葉をかける
・身施《しんせ》――体を使い善い行いをする
・心施《しんせ》――思いやりの心
・床座施《しょうざせ》――席を譲る
・房舎施《ぼうしゃせ》――家に迎える

右に挙げた無財の七施は特別なことではありません。小さな頃から躾けていけば、大人になってからも、「大丈夫？」と温かい言葉をかけたり、座席を譲《ゆず》ったりすることも自然とできるようになります。何度も訓練していくことが必要です。

浅利家の家庭教育その八——子ども扱いをしない

塾に来ていた生徒のお母さんが、

「まだうちの子は五歳なので、人のものを取っていいか悪いか分からないんだと思います……」

などということがありました。そんなお母さんには必ずこう言いました。

「一歳であろうが十六歳であろうが、悪いものは戒《いまし》めます。子どもだからという考えは捨ててください。この子が二十歳になったときに、許せる行動であれば許してもいいけれど、二十歳になったときに許せない行動なら、小さいからと加減しないことです。そうでないと、小さい頃は許してもらっていたのに、小学生になった途端《とたん》にダメということでは、これまでの価値観、つまり自分自身を否定して、新しい価値観を求められる。それは本人にとってはかなりきついことです。だから、一歳であろうが二歳であろうが、悪いことは悪いと教える。かわいそうだと思わずに、勧善懲悪《かんぜんちょうあく》の価値観に触れさせて善性を身につけ、善い行いが自然体でできるように育ててください」

同じような理由で「ワンワン」とか「ブーブー」といった幼児語をわが家では使わないようにしていました。子どもが「ワンワン」と言えば、「あそこに犬がいるね、あれは柴犬《しばいぬ》といってね……」「ブーブー」と言えば、「あの自動車は……」と普通の日本話で話します。言葉も躾も常に最終形を提示してあげることです。

浅利家の家庭教育その九——自分の意見を持つ

私はわが子たちに国際的に活動できる人間に育って欲しいと思っていました。だから、「あんたたちが世界に出て行ったとき、自分の意見を言えないと恥ずかしい思いをするよ」と言って育てました。

長女の啓信《けいしん》が小学六年生の頃、こんな会話をしたことがあります。

「友だちがみんな〝右に行く〟と言っても、あんたが左に行きたいと思えば、〝私は右じゃなく左に行く〟と言えるような人になりなさい」

「でも、私はお母さんほど強くないから無理」

「じゃあ、最初はみんなと右に行ってもいいけど、私は左に行きたいという気持ちは大事にすることやね。何も考えないでみんなの意見に流されて右についていくことだけはして欲しくない」

「それならできるかもしれん」

「ジュースを飲むとき、みんなが〝オレンジジジュース〟と言っても、ほんとはリンゴジュースが飲みたかったら、そう言えばいい。違いがあることは悪いことじゃないんだから」

「それもできるかもしれん」

「一番大事なことは、悪いことと分かっていても、みんながやるから私もやるということだけはやめなさい。人の意見に左右されず、常に自分で正しい道を選べるようにすること」

こんなふうに自分の意見、自分の考えを持つことが大事だと、いつも言い聞かせていました。

浅利家の家庭教育その十――志を立てる

今の若者は、昔に比べて海外に行かなくなっているそうです。就職も県内から出たくないから地元を選ぶと聞きました。そのうえ出世したり、社長になったりもしたくない、公務員が理想、そんな若者が増えているそうです。信じられますか。

その理由はいくつも考えられます。

まず恵まれすぎていることも大きいと思います。「ハングリー精神」という言葉も聞かなくなりましたが、不足感こそが工夫する人間を作っていくのです。満ち足りていれば、そこに安住して冒険しようという気も起こりにくいでしょうし、ましてや志もなかなか生まれにくいと思います。

ですから、幼い子どものときには、「あれ欲しい、これ買って、あれ食べたい」と望まれても与えすぎず、満足させないことです。

うちの場合は、必然的にそういう状態になったのですが、おかげで子どもたちは不足を乗り越え、たくましく育ち、強い団結力を持つようになりました。

同時に国を憂《うれ》う精神を持つように育てました。

ジョン・F・ケネディ大統領は就任演説で「あなたの国があなたのために何ができるかを問うのではなく、あなたがあなたの国のために何ができるかを問うて欲しい」と述べました。あるいは坂本龍馬をはじめ維新《いしん》の志士たちは国家の危機を前に立ち上がりました。戦争で国のために散った多くの人たちもいます。決して戦争を美化するのではなく、平和な時代にあっても国のことを思い、みんなが幸せになる道を願って行動することが人間として一番大切なことだと思います。

それをどのように子どもたちに伝えるか。それはそんなに難しいことではありません。人は自分の欲望が満たされたときに満足をするのではなく、「ありがとう」と人から感謝されることではじめて自分の心にも大きな充実感を覚えるのです。

お手伝いから始まって家族や兄弟に感謝されることで充実感を覚え、やがてそうした気持ちが地域、国、世界にも広がっていくのです。

「あなたは勉強だけしていればいいのよ」と言って育てていては、国を憂う気持ちも、志も育ちません。

「人のために何かするのは素晴らしいでしょう。あなたもやがては誰かのため、国のために尽くす人になるんですよ。勉強はそのための基礎、しっかり学んでください」

そう言って子どもを育てていれば、必ずそういう人物に育っていくのです。

親業を学ぶ

思い出すままに、わが家でどんな家庭教育をしてきたか、お話ししましたが、決して子どもたちが私の言うことを黙って聞いてくれたわけではありません。

私は「あんたたちが大人になったときに、初めて感謝されるように育てているんだから、黙って言うことを聞いてりゃいいのよ」と有無を言わせない、権威的な母親でした。

子どもたちが成長するに従い、当然親への反発も出てきます。私が親として最初にぶつかった悩みは長女で、小学校五年の頃でした。生理が始まる頃は、女の子から女に変わる時期で、母親と娘の関係が女同士に変わる極めて微妙《びみょう》なときです。どう対処するかで将来いい関係にもなるし、反発し合うようにもなるのです。

しかし、何も知らなかった私は当時はそんなことにはおかまいなしに、とにかく叱って、叱って、叱って、厳しく躾けていました。長女の啓信は私に対して反抗しますが、夫が言うことは素直に聞くのです。

私にすれば、夫と同じことを言っているはずなのにどうしてという思いがあり、あるとき夫に相談しました。すると夫は、「あんたもちょっと親としてのトレーニングを受けた方がいいかもしれんな」と言います。

夫は当時、人材教育の研修をたくさん受けていました。夫が薦《すす》めてくれた心理学をベースにした親業（ＳＴＥＰ＝アメリカで開発された親の学習プログラム）は、単に親子だけでなく、会社や社会、夫婦の関係を円滑《えんかつ》にする人間関係トレーニングでした。

勉強することが大好きな私たちは、親業を受けた後、子どもたちとの関係もよくなったので、半年の間、月に一度、東京まで行って心理学を勉強し、初級カウンセラーの資格をとりました。

そこでまず学んだのは相手を動かすための話し方でした。こっちが思っていることをそのまま言葉にしても人はなかなか動かない。こっちの都合や感情で話すのではなく、相手が受け止めやすい言葉で話す。つまり相手の心のストライクゾーンに優しい言葉を投げ込むということです。

「どうしてあんたはいつもそうなんよ！　何回言えばちゃんとできるん？」

これまでならそう言っていたのを、こんなふうに言うのです。

「そのままでいくと失敗するんじゃないかとお母さん、心配しとったんよ。ごめんね、ちゃんとあんたに言えばよかったね。これからはお互い気をつけようね」

言葉のかけ方一つで、同じことを言っても恨みを買うこともあるし、素直に聞いてくれることもあります。

ここにきてようやく叱るだけではダメなんだと、気がつきました。

このおかげで長女との関係は修復し、よりよい関係が出来て、その後の子育てや塾の指導にも非常に役立ったと思います。

相手を責める前に自分を反省する

ちょうど同じ頃、公文《くもん》式の創始者公文公《とおる》会長の言葉に出会いました。

「千里馬常有、而伯楽不㆓常有㆒」——千里の馬は常にあり、而《しか》れども伯楽《はくらく》は常にはあらず」（千里を走る優秀な馬はどこにでもいるが、それを見つけて育てる伯楽のような人物はなかなかいない）

飛躍《ひやく》して深読みすると、千里を走る能力はどの馬にも備わっている。伯楽がきちんと躾けることでどの馬も千里を走れるようになる。しかし、伯楽ほどの実力を持つ者はなかなかいない。私たちは才能を見い出し、育てる伯楽のような指導者を目指しましょうと教えられました。

つまり、できない子を見て、できないから仕方ないとか、何でできないのと本人を叱るのではなく、どこが足りなくてできないのか、何をすれば大きく成長できるのか、そういう目で子どもを指導し、一人ひとりに合ったやり方を見出し、教える。さらにこの教えを子育てにも実践するようになったことで、ずいぶん楽になりました。

家庭教育では、「何でできないの？」と子どもを責める前に、できるかできないかは伯楽（母親）次第。よいところを褒《ほ》めて伸ばす、コツコツ努力をする、自分から進んでやる学習習慣を身につけるように励《はげ》まし、共に成長することが私たち親としての目標となりました。

人間の行動は未来に向かっている

親業の研修で学んだことはたくさんありましたが、特に心に残ったものの一つは、「人間の行動は未来に向かっている」という教えでした。

塾で泣きながら入ってくる子どもがいました。「ここは塾だから泣かないで勉強しなさい」といくら母親が言っても聞きません。これまでなら私も、「他の人に迷惑《めいわく》だから外で泣きなさい」と言っていたかもしれません。でも、そのときにふと思って、

「何かしたかったことがあるの？」と尋ねました。するとその子は手に握っていたビールの蓋《ふた》を見せてくれました。私はもっとこれで遊びたかったのかなと思い、「そうかー、じゃあサッと勉強を済ませて家に帰って、これでまた遊べばいいじゃないの」

そう言うと、この子は家に帰って遊ぶという未来に向かって、ピタリと泣くことをやめて一所懸命勉強を始めたのです。

一歩先の未来に目的がある。私たち大人がそれを察し、その目的を子どもに気づかせることで問題は解決に向かいます。

次女が高校生のとき進路のことで悩んでいました。そこで私は紙とペンを用意して次女に書くように言いました。

未来設計図

① あなたの人生の目的は何ですか？

② 三か月で死ぬとしたら何をしておきたいですか？

未来設計図

① 人生の目的	**③ 1年後になしえたこと**
② 3か月で死ぬとしたら	**④ ①②③の中で大事なこと3つ**

③　一年後になしえたいことは何ですか?

④　上に書いたものから自分が大事だと思うものを三つ書いてください。

③まではいくつでも答えを書いてかまいません。ただし、どの問題も二分で答えること。

私たちは忙しさに追われ、日々の生活に流されてしまいがちです。しかし、三か月後、一年後に自分はこうなるという姿をイメージすることによって、今何をなすべきかの課題が見えてきます。

これは子どもだけではなく、私たち大人も目標がはっきり定まるまで、三か月に一度はおこなって思いを定めるとよいかもしれません。そうすれば、「ああ、私はこういうことをしたいんだな」と自分の進路が見えてくるものです。

子どもに勇気を与える

もう一つ、親業で学んだことをお話しさせてください。

「私もあんな人になりたい」

娘がそう言ったとき、昔の私なら、

「あんたがなれるわけないじゃないの。勉強はできん、行いも悪いもん」

即座にそう言っていたかもしれません。

しかし、そういう勇気くじきは絶対にいけない。

「あんたならなれるかもしれん。頑張ってあの人がやったように努力して目指してみようか」

なりたいものになる努力は難しくても挑戦していけます。そこで背中を押してあげることが親の務めです。

「うちの子はダメよ、何をやっても三日坊主《ぼうず》で。あんたんとこは賢くていいわね」

さり気なく言っているその言葉が子どもを傷つけ、子どもの未来を閉じています。日本語は言霊《ことだま》が強いです。ダメと言われた言葉がその子の心の中に入って、本当にダメになっていきます。

「大丈夫、あんたならできる」

と勇気づけてあげる。親が子どもにいい言葉を投げかければ、その子はやがて自分自身にいい言葉をかけることができるようになるのです。

イチロー選手が小学六年生のときにこんな作文を書いています。

「僕の夢は一流のプロ野球選手になることです。……僕は三歳の時から練習を始めています。三歳から七歳までは半年くらいやっていましたが、三年生の時から今までは三百六十五日中三百六十日は激しい練習をやっています。……そんなに練習をやっているのだから、必ずプロ野球の選手になれると思います」（『心に響く小さな5つの物語』致知出版社）

きっとイチロー選手は周りから、「お前ならできる」と言われ、やがて自分もその気になり、志を立てて努力し、大リーガーになったのでしょう。

サッカーの本田選手もまた、子どもの頃にイタリアのセリエAで十番の背番号をもらって活躍すると宣言しています。夢の実現には志が必要です。

とにかく、子どもにプラスの言葉を浴びせるようにかけてあげて、その気にさせる。

「ノーベル賞、あんたなら絶対にもらえるから頑張って！」

そう言い続けて、もしもらえたら素晴らしいじゃないですか。もらえなくても、志を立てて生きる人生は素晴らしいことでしょう。

「ノーベル賞まではちょっと実力が足りなかったな、残念やったわ」、そう言って棺《かん》桶《おけ》に入るのも素敵な人生だと思います。

将来の家族関係の礎となる家庭教育

子どもには「ご先祖さまを大切にして欲しい」「人のために役に立つという価値観を持って欲しい」「世界で活躍できる人になって欲しい」そんなことをいつも夫と話

しながら協力し合って子育てをしてきました。

「育てたように子は育つ」とよく言いますが、そのおかげでしょうか、五人の子どもたちは、金太郎飴《あめ》のように同じではなく、各々の特性を認め、伸ばし、その結果、一人ひとりがきちんと実力をつけた大人に育ってくれました。

今は大地にしっかりと根を張って、自分自身を支え、それぞれ独立した一本の木に成長しました。よい家族関係を築けたのは、夫婦でいつも話し合い相談し合って、試《し》行錯誤《こうさくご》しながら子どもたちに実践してきた家庭教育のおかげだと思います。

浅利家のご主人――浅利真願《しんがん》　二人三脚の子育て

私が浅利家の仲間入りをして三十六年間が過ぎました。妙峰と息を合わせ、仕事も家庭も二人三脚で突っ走ってきた感じです。

結婚した当初は、育った環境や、ものの見方考え方が違って、生活の中に違和感もありました。しかし、子どもたちを授かり、話し合いながら育てていく中で、価値観は自《おの》ずと一緒になってきたように思います。

本好きの妙峰は、第一子を妊娠するや子育て本や教育書を、半端《はんぱ》ではないほど読み始めました。勉強するというより二冊三冊と同時に読んで、共通項を探している感じでした。とにかく時間があれば本を読み、その後、本の要約を私に話してくれるのです。おかげで私はその本の大まかな内容と妙峰の目指す子育てが掴《つか》めました。

子どもが生まれ、今度は実践です。子どもが泣いたらメモを取り、授乳の始めと終わり、げっぷの有無、おむつの交換などをこまめに記帳して、データを取っていました。そのうちに、この泣き方はお腹がすいているとか、おむつを替えて欲しいとか、げっぷが出そうだとか、子どもの気持ちを理解できるようになっていました。

第二子、三子、四子、五子と年子で授かり、元気に育ってくれたことに加えて、この世で家族として巡り合い、親も子も互いに成長できたことに感謝しています。

妙峰が子どもを叱《しか》るときの声の感じから、話す内容まで私の母にそっくりで、そばにいる私が怒られているような気持ちになって、少しイライラさせられたのを懐《なつ》かしく思い出します。

第七章

浅利家の「和俗童子訓」

子育てをするとき参考にした本に『和俗童子訓《わぞくどうじくん》』があります。
著者は江戸時代に活躍した儒学者・貝原益軒《かいばらえきけん》です。
貝原益軒といえば『養生訓《ようじょうくん》』が有名ですが、『和俗童子訓』は、
日本で最初の体系的な教育書で、
江戸期の寺子屋教育に強い影響を与えたといわれています。
そこには幼児教育の大切さが説かれており、
年代別にどのように教育していけばいいかが、
丁寧《ていねい》に書かれていました。
私はそれを参考に「和俗童子訓」浅利家バージョンを作り、
子育てに役立てました。
大学ノートに書きつけた当時の原文を紹介するとともに、
私なりの解説を付け加えたものをここでご紹介しましょう。

【序】

一、赤ん坊は人生の始まり――誰もが性質が似ている

(一) ものを習っていない

(二) 理性や思考が起こっていない

二、はじめを慎《つつし》む

ごくわずかの正邪《せいじゃ》を弁えて、善をもって導く

三、年が大きくなってゆくと

(一) 内は好き・嫌いのために溺《おぼ》れさせる

(二) 外は世間の流行のために誘惑される

(三) 欲をほしいままにして天地の理が亡びる

(四) ぼんやりしてどこへ行けばよいか分からなくなる

小さなときに身につけた善悪の価値観がその人の一生を左右します。生まれたばかりの赤ちゃんの頭の中は真っ白いキャンバスのようなもので、みな性質は似ています。

まずは何がよくて悪いことかを教えていかなくてはいけません。大きくなってから正邪を教えるのではなく、赤ちゃんのうちから常に正だけを与えます。正の環境が居心地よく身についた人間は、常に自分から正の環境に身を置こうとするのです。

そのとき気をつけないといけないのは、「善をもって導く」こと。つまり「してはいけない」といった否定的な言葉ではなく、「こうしようね」といった言葉で伝えていきます。

少し大きくなると、好き嫌いとか楽か苦かに流されるようになります。外に目を向ければ、流行にも左右されるようになります。欲のまま行動すると、身を滅ぼす元《げん》凶《きょう》になるので、我欲《がよく》(私利私欲)ではなく大欲《たいよく》(小さな利益などを顧《かえり》みない大望)に変えることを教えます。

【総論上――巻二】

学んで初めて人となる

一、小さいときから善い人に近づけ、善い道を教える

（一）何も分からない小さいときから習うと、先に入ったことが先入主となり、その性質となって、後で見聞きしても変わりにくい

（二）高いところに登るのには、必ず低いところから始めるように簡単なところから始め、難しいところへ向かう

真っ白いキャンバスには正しいものを描き込まなくてはいけません。それも高い階段を二段、三段飛ばしで上っていくのではなく、コツコツ一段ずつ確実に上っていくことが大切です。自分でできるくらいのところから始めると、自然に先に進めるようになります。

二、人に天地の徳あり

（一）心に五つの徳を持っている

仁《じん》、義《ぎ》、礼《れい》（作法、けじめ、立ち居振る舞い）、智《ち》、信《しん》（言葉に偽《いつわ》りがないこと）

（二）五倫《ごりん》の道——父子《ふし》、君臣《くんしん》、夫婦《ふうふ》、長幼《ちょうよう》、朋友《ほうゆう》

腹いっぱいに食事をし、温かい着物を着、安楽な所に住むだけでは、動物と変わらない。幼いときから聖人の教えを学ばなければ、人間として育たない

西洋の教えは、「人間は本来悪だからそれを戒《いまし》めるためにこういうふうにしなさい」という教えですが、東洋では「心の中に五つの徳（仁、義、礼、智、信）が備わっているので、それを磨いて光らせていけばいい」という考えです。私は、まずは礼と信が大事だと思ったので、ここに言葉を添えています。つまり、作法やけじめを教えること、嘘《うそ》をつかないようにすることが大事なのだと。

人はただ好きなことをするだけでは立派な人間にはなれない。きちんと学び、人と人との間で悩み、苦しみ、考えて初めて人になっていくのです。

聖人の道を学ぶ

一、あらかじめするのを先とする
（一）子どもがまだ悪にうつらない先に善もって教える。悪いことに染まり、習慣になってからでは遅い
（二）子どもが初めてものを食べ、初めてものを言えるときから早く教えた（古人）
（三）嘘を言わない
（四）気ままにしない

子どもが悪を知る前に善を選ぶことを教える。それは離乳食が終わり、言葉を話すようになる頃に、嘘をついてはいけないことや気ままにしないことを、親が常に気をつけて教えておく。嘘はつく度に上手になっていきます。嘘は、ついた本人は忘れてしまうのですが、聞いた人は覚えているのでいつか明らかになります。そのときに信頼もなくしてしまいます。昔は「嘘つきは泥棒《どろぼう》の始まり」とか「閻魔《えんま》さまに舌を抜かれる」などとよく注意されましたが、今それを言う人は少なくなっています。

また、気ままにしないというのは、気ままにすると怠惰《たいだ》に流れていく、それを戒めてのことです。

かわいがり過ぎない

一、古人の子どもの健康を保つ良法
およそ小児を安からしむには、三分の飢《う》えと寒とを帯《お》ぶべし
少しは飢えさせ、少しは冷やすのがよい——古人の子どもの健康を保つ良法

うちは子どもが五人いたので幸いなことにかわいがりすぎることはありませんでした。三分の飢えというのは十分に食べ物を与えすぎるとわがままになる。飢えさせることが一番のごちそうだとし、「腹八分目」の言葉があるように健康的ということです。

また昔から言うように「子どもは風の子」、大人より服は一枚少ないくらいでちょうどいいのです。外で日や風に当たると皮膚《ひふ》が丈夫になって元気いっぱいに育ちます。

義理の正しさをもって子どもの悪いことを戒める

偉人伝や勧善懲悪《かんぜんちょうあく》の物語を読んで、善いことをすると善いことがあるし、人を欺《あざむ》いたり、嘘をついたりすることを戒めて、常に正直であるよう教えました。

姑息《こそく》の愛

一、かわいがりすぎて、子どもの言う通り、気ままにさせない

(一) 幼児から気ままをおさえる

(二) 私欲を許さない

(三) 愛をすごせば、驕《おご》りが出てくる

二、生き物を苦しめ、金を使う遊戯《ゆうぎ》などさせてはならない

三、子どもの好みに任せてはいけない

四、人をそしったりしない

五、自分を高ぶらせない
六、矜《きょう》――高慢《こうまん》にならない
七、人に三愚《さんぐ》あり――我を褒《ほ》め、子を褒め、妻を褒める

姑息《こそく》の愛とは、かわいがりすぎるあまり、当座の苦労を避けるために、子どもの願いをそのまま受け入れて育てることです。

かわいがる、面倒を見るというのはとても難しいことだと思います。

私もこんな経験がありました。二十二歳の頃、アメリカで開かれたガールスカウトのキャンプにカウンセラーとして参加しました。私のテーブルに肩から小さな指がついているサリドマイドの少女がいました。彼女はほうきで掃《は》く係になったので、私は代わってあげようとしました。するとその子のリーダーから、「そういう憐《あわ》れみはいりません」と、ビシッと断られました。この子は健常者といかによい関わりをするかという目標を持ってこのキャンプに参加しているのですから、憐れみではなく、自分のできないことから逃げるのではなく、できる仕事を見つけて、その係りの人と代わ

ってもらうお願いをするよう手伝ってくださいと言われました。

私の健常者としての驕《おご》りを直された気がしました。

余計なお世話なのか、手を貸してあげるべきか、寸時《すんじ》に判断して対処できる能力をつけることが大切だと学びました。

人に三愚あり、「我を褒め、子を褒め、妻を褒める」のは三愚だと若い頃に書いていますが、今、私は「自分を褒め、子を褒め、夫を褒める」、これもときには必要なことだと思えてなりません。手前味噌《みそ》ですが、お許しください。

師を選ぶ

一、**人品《じんぴん》のよい人**（才能や学があるだけではダメ）

二、**学術を選ぶ**（学の筋が悪いとかえって性質を悪くする）

三、**才能、学力**（善にうつらず悪知恵を助長して人品がかえって悪くなる）

師は才能と学があるのは当然ですが、人格的にも立派な人を選ばなくてはいけません。

教えを受ける基本

一、謙譲《けんじょう》で自分をよしとしないこと
二、温和、慈愛の心
三、孝弟《こうてい》・忠信・礼儀・廉恥《れんち》の行い
四、高慢の気をくじく

いくらいい師を選んでも教えを受ける方の態度がよろしくなければ、その教えは頭に入ってきません。

友人を選ぶ

一、「年若き子弟、たとい年を終わるまで書を読まずとも一日小人《しょうじん》に交わるべからず」（一年間本を読まないのは悪いが一日でも小人と交わることはすべきではない）

二、悪友の害は大きい

三、人の善悪はみな友人による

「麻《あさ》の中の蓬《よもぎ》は助けざれども、自ら直し」

「朱《しゅ》に交われば赤し。墨《すみ》に近づけば黒し」

四、無頼《ぶらい》の小人は

①酒色とみだらな音楽を好む

②博奕《ばくち》を好んで諫《いさ》めても聞かない

③恥を知らない

④友だちを誘惑して悪くする

五、いったん悪友と交わって、その風に染まると、親の諫めも世のそしりも恐れず、罪を犯し、禍《わざわい》にあっても顧《かえり》みない

子どもには友人を選べと言っても分からないと思うので、選ぶときの基準を書きました。友人を見ればその子の環境が分かると言います。子どもにとってそれほど友人

の影響力は大きいのです。

学問の芸能

一、幼児から礼儀作法を教え、聖教を読ませ、仁義の道理を分からせるようにする次に書き方算数を習わせる

二、学問の暇《ひま》に芸を習わせるのがよいが、一つの芸だけを好きになってはいけない一つのことだけに心が向いてしまうと、それに溺れて害をなす

三、学問は専一にしないと進まない

学問（本）に努力して、その暇のあるときの余事《よじ》が芸学（末）――本末を混同しない

四、文字を知らない

①書くことが苦手

②言葉が完全に言えない

③不調法《ぶちょうほう》で卑《いや》しい

④人に見下げられる
⑤侮《あなど》られる
⑥笑われる
⑦世事に滞ることが多い

五、学問をし、道を学ぶには熱心に勤めないと横道に迷い、あちこちに心が移り、よい方へ届かない

ともかく学問は集中しないと頭に入ってこない。あくまで学が「本」で、スポーツや芸事は「末」、これが本末転倒になってはいけないのです。まずは親がそういう環境を与えてあげないといけないのです。

その中でも特に大事なのが、文字を知ること。国語力がないと、うまく話せないし、不調法で恥ずかしい思いをさせられます。そうならないためには小さなときから本を読み聞かせることです。

子の環境は

一、おべっかを言って褒める人を戒め、退ける
二、ぜいたくをさせず、人を憐《あわ》れむ心を持たせる
三、人に無礼を行わない
四、もののあわれを知る
五、人の情を忘れない
六、言ってはならぬ事を言わない（自律心）
七、してはいけない事をしない（自律心）

こう書けば当たり前のことですが、これを守らせることはなかなか難しいことでした。

【総論下――巻二】

一、孝弟《こうてい》の道

（一）愛敬《あいけい》の心構え
愛――人を慈《いつく》しみ、愛《いと》しんで、粗末《そまつ》にしない
敬――人を敬って、侮らない
（二）人倫《じんりん》に対する道
①心と顔色を和らげる
②人を侮らない
③気ままにして位に驕《おご》らない
④才をほこり、無礼をしない
（三）難しいことを嫌わず、苦労をこらえて、その道について努力するからこそ成就《じょうじゅ》がある

父母に孝行し、年長者によく従うという意味ですが、子どもには少し難しいことが書いてあるかもしれません。ですが、（三）に書いてあるように難しいことも我慢して頑張る。そこに喜びも生まれるのだと思います。

二、諫《いさ》めを聞く
(一) 諫《いさ》めを聞くことは自分のためになる——喜んで聞き、過ちを改める
(二) 自分の悪いところを知らせ、過ちを諫めてくれる人を尊敬する
(三) 感謝し、よく親しむ
三、言い訳は
(一) 時間が経ってから謝る
(二) 別の人を介《かい》して伝える
四、子どもを叱るには
落ち着いて厳正に、何度もくり返し、ゆっくりと訓戒《くんかい》する
五、十歳になる前に
生まれつきが悪くてもよく教え習わせるとよくなる

これはしょっちゅう言い聞かせていたことです。今の子どもたちは怒る人は怖い人

と思ったり、すぐに言い訳したりします。しかし、自分の悪いところを注意してくれる人は、あなたのことを思って言ってくれているのです。だから素直に、ありがたいと思って聞かなくてはいけません。

叱る方も、ただ怒りに任せて怒るのではなく、相手のことを考えて助言するような気持ちが大切です。「叱る」は「躾ける」ことだと思います。

【随年教法――巻三】

一、六歳の子には

(一) 正月に一、二、三、四、五、六、七、八、九、十、百、千、万、億の数の名と、東西南北の方角の名を教える

(二) 利鈍を考えながら仮名を読ませ、字を書かせる。「あいうえお」の五十音表を縦、横に読ませ、書かせる

(三) 目上を敬うことを教える

(四) 尊卑、長幼《ちょうよう》の区別

（五）言葉づかい

年齢別にどういうことを教えるかを書いたものですが、特に長女にはかなりビシビシこのとおり仕込んだように記憶しています。

六歳になって急に「目上を敬う」というわけではなく、うちはじいちゃん、ばあちゃんもいたので、小さなときからきちんと挨拶することを言い聞かせていました。

一時「バーカ」という言葉が兄弟で流行りましたが、「バカという人がバカなんよ」と、よくない言葉を言うと自分に返ってくると教えました。

二、七歳の子には

言うことを聞きわけるようになったら、だんだん礼法、仮名の読み書き

三、八歳の子には

（一）礼儀――立ち居振る舞い

目上の人の前に出て仕えるとき、退くとき
人にものを言ったり、返事をしたりする法
食事のマナー
お茶をすすめる礼
使用人を憐れみ、師を尊ぶ道
友と交わる道
賓客《ひんきゃく》に対して坐立進退の礼
言葉づかい
尊敬する道
人のものを欲しがらない
食べ物に心卑《いや》しくならない
恥を知る

四、八歳の春から

（一）楷書《かいしょ》と草書の書く練習（大きな字）

きれいな字をお手本とする

（二）早く文字を読む練習

文句が短く、読みやすく、覚えやすいもの——読みから暗記へ

「八歳には礼儀を」と書いていますが、これも普段の行いが大事です。食事のマナーやものの言い方、お茶のすすめ方など、特別に教えるわけではなく、親や姉のやり方を見て覚えるように指導していました。今の人たちはよく「教えられていません」「習っていません」と言い訳をしますが、昔の人は「見て盗んだ」ものです。まずは親が普段からきちんと手本を示しておく、それが一番大事だと思います。

五、十歳になったら

（一）五常の理——仁《じん》、義《ぎ》、礼《れい》、智《ち》、信《しん》

（二）五倫の道——父子《ふし》、君臣《くんしん》、夫婦《ふうふ》、長幼《ちょうよう》、朋友《ほうゆう》

世間では十一歳から手習いだが遅すぎる。教えは早くないといけない

①心が荒《すさ》み、気が荒れて、教えを嫌い、怠《なま》けるのが習慣になって、勉強が難しい

②心も顔もおだやかにし、人を愛し、敬い、善を行うことを教える

③心の立ち居振る舞いも静かにして、むやみに動かず、騒がしくないように教える

十歳の頃から腰骨《こしぼね》を立てる立腰《りつよう》教育をすべきです。好き勝手に落ち着きなく生活するのではなく、必要なときにはじっと座っていられるようにする。書道をするにしても墨汁《ぼくじゅう》を使わず、姿勢を正して墨をすり、心を落ちつかせるような訓練です。

六、十五歳になったら

（一）義理を学び身を修め、人を治める道を知る（『大学』『小学』四書）

（二）書を読み、古《いにしえ》の道を知り、身を修め、人を治める道は何かを知らせる

十五歳、昔でいう元服《げんぷく》です。橋本左内《さない》が十四歳のときに書いた『啓発録《けいはつろく》』の教えを

もう一度書いておきます。

「稚心《ちしん》を去れ」「気を振るえ」「志を立てよ」「学に勉《つと》めよ」「交友を択《えら》べ」

八、二十歳には

（一）大人の徳に従い、広く学び、立派な行いをする

（二）その年に応じて徳行が備わるよう努める

（三）子ども心をなくす

【読書法――巻三】

一、はじめに

（一）書を読むには、手を洗い、心を慎《つつし》み、姿を正しくして、机のほこりを払い、書物を正しく机の上に置いて、座って読む

（二）本を汚してはいけない

（三）読み終わったら元のところに戻す

(四) 投げたり、またいだりしない

(五) 枕にしてはいけない

(六) ページの端《はし》を折りかえさない

二、初めて読む

(一) 朝早く読ませる（食後にはさせない。半年経ったら食後にも読ませる）

(二) ゆっくり声を出して

①一字一字一句一句はっきりと読む

②誤ってはいけない

③〈三到〉必ず、心到・目到・口到というふうにする。心を込めて何べんも音読すると自然に覚え、長く忘れない

④回数を数えて熟読《じゅくどく》する

⑤一つの本をすっかり読んでから別の本を読む

(三) 少しずつ教える

①あまり再々やらない

②文句が多く難しい所を教えると嫌がるようになる
③簡要《かんよう》を選んで回数を少なく教える
④読み習うことを嫌わないように好きになるよう教える
⑤難しく面倒でその気を屈するようなことはしない
⑥ちょうどよい短さに決めて毎日怠《おこた》りなく進める

三、順序を（書き集めて）

（一）十二支、五味、十二月の違った読み方、県名、都市名（自分がいる県）

（二）鳥、獣、虫、魚、貝の類、草木の名前

（三）先を急がないで

毎日復習して、読む練習をして、数十ぺん終わったら、次を読ませる。早く進むことを好んで復習しないと忘れて、自習の効果も先生が教えた効果もなくなる

（四）広く何十冊の本を読んでも役に立たない。一巻でもよく覚えれば、学力となって効果がある

(五) 本を読んでも学問が進まないのは、熟読《じゅくどく》しないで覚えないからである

(六) 才能があれば、八～十四歳の七年間に『小学』、四書などみな読み終われる
　熟読は、才力が出てきて学問の根本ができる

(七) 嫌いにならぬように
①文句を長く教えない。一句、二句ずつ教える
②一度にたくさん教えない
③多いと覚えられないし、すぐ忘れる
④一字、二字、三字ずつ教え、一句ずつ教えていく
⑤覚えたら自分で読ませる

(八) 句読をはっきりと
①発声を厳重にし、清濁《せいだく》を区別し、訓点に間違いがないようにする
②「て、に、を、は」を正確にする

(九) 繰り返して
　毎日、三、四、五回、前のところを読んで今日のところを続ける

（十）日々怠らず

①一つの善いことを知り、そのことを行い、小を積み重ねてゆけば、必ず大に至る

②日々の仕事を怠って、抜かしてはいけない（『日記故事』）

③一日一事覚えてゆく

（十一）学而篇《がくじへん》を

『孝経《こうきょう》』の首章、『論語《ろんご》』の学而篇

（十二）文章の意味を

読書のついでに文章の意味を教えると自然と書が理解できるようになる

（十三）時間を惜しんで

少年のときは物覚えがよくて、中年以後になって数日かかることを、ただ一日、半日で覚えて死ぬまで忘れない。一生の宝となる。年をとってから後悔しないように子どものときに時間を惜しんで努力しないといけない

（十四）後のことを考えて

子どものときから学問の時間を惜しみ、ムダな遊びをしてはいけない。手習いをし、書を読み、芸を学ぶことを遊びと考えるがよい。こういう勉強は初めはおもしろくないけれども、だんだん習慣になると、後は慰《なぐさ》みになって、煩《わずら》わしくなくなる。初めに勉強しないと後から楽しみがない

何度も書いたように私は子どもがお腹の中にいるときから、本を読み聞かせていました。子どもたちから「お母さんの仕事は本を読むこと」と言われるほど、本が好きでした。

子どもたちも本好きになってくれるよう、次のような会話をよくしました。

「この本、読み終わったよ」

「何が書いてあったのかな？」

「うーん、もう一回読んでみる」

初めはこんな受け答えもありました。これでは文字を目で追っているだけで内容まで深読みできていません。

書いてあるものが心にストンと落ちて、自分のものになるには「心到・目到・口到」という言葉があるように、「心を書物に集中して読む・目を書物に集中して読む・口に出してしっかり読む」ことが大切です。そのことに気づいて欲しくておこなった問いかけでした。

読書についてはもっともっと書きたいことがありましたが、長くなりすぎてもいけないので、この辺りで止めます。

十四については私の体験したことです。中学生の頃、とても頭がよく、いい大学に入った同級生がいました。

「あんた、いつ勉強してたん？」

「別にしてないよ」

「私は試験の一週間前にはいつも必死やった」

「ふーん、私は試験前は何もせんかった。ただ毎晩、ご飯食べたら両親とも書斎に行ってしまうから、私も自分の部屋で本を読んだり、ノートまとめとっただけ」

「それが勉強をしよると言うんよ」

彼女は毎日、日常のこととしてやっていたから、特別に勉強したという気持ちにならなかったのでしょう。私はできませんでしたが、子どもたちにも勉強をそうやって習慣にして欲しいです。

【手習法──巻四】

（一）筆蹟《ひっせき》は心をあらわす

書の本意はただ正しく整っていて読みやすいものを本領《ほんりょう》とする

（二）手本を選ぶ

①書体が素直で筆法の正しい昔の能書《のうしょ》（字を巧《たく》みに書く人）の手蹟を選んで手本にするとよい

②日本流も中国流も古代の能書の筆蹟を選ぶ

（三）運筆の方法

子どものときから大きな字を何べんも書き習うと手がやわらかく働くようになってよい。小さい字を書いて大きい字を書かないと字がすくんでよく

――動かない

書道は私が大好きだったので、わが子にも実践して欲しくて書いたものです。

終　章

未来の子どもたちへのアドバイス

子育ての真っ最中には
一所懸命すぎて分からなかったことがたくさんありました。
五人の子育てを終え、
私自身も年齢と経験を重ねた今だからこそ、
分かることがたくさんあるのです。
そんなことを最後に少しお話ししましょう。

子は親の背中を見て育つ

夫は「どうして親の悪いとこばかり似たのかな」と笑って言います。
「次男なんかは箸《はし》の握り方まで同じ。性格も俺の若い頃にそっくり。成長した今の俺に似てくれたら言うことないんやが」

私もまったく同感。特に長女をきちんと育てれば、後の四人は見て育つだろうと厳しくしました。その結果、どうでしょう、幼い長女が四人の妹や弟を叱《しか》るとき、私の口調そっくりなのです。

「あんたはお母さんじゃなくて姉なんだから、もうちょっと優しい言い方ないの？」と言っても、「私はお母さんに仕込まれたから仕方ない」と答えます。

子どもは親が見て欲しい顔や、真似《まね》をして欲しい姿を真似るのではなく、その背中を見て成長していくのです。

例えば、「人と会ったらきちんと挨拶《あいさつ》するんですよ」といくら口で言っても、親が人に対していい加減な挨拶しかしていなければ、子どもができるわけがありません。しかし、親が誰に対しても礼儀正しく挨拶していれば、何も言わなくても子どもは真似をしてしっかりとした挨拶をします。まさに「子は親の鏡」です。

何のために勉強するのか

私は子どもたちに「勉強しなさい」とあまり言っていません。しかし、長男の定《じょう》栄《えい》が高校生のときには、「もう少しやったら」と言うと、「何で勉強するか分からん、そんな分からんことのためにエネルギーは使いたくない」と言われました。

長男は小六のときに読んだ杉原千畝《ちうね》さん（第二次大戦時、リトアニア領事代理として多くのユダヤ人の命を救った日本の外交官）のような外交官になりたいと外国語系の大学を目指したのですが、センター試験の数学で失敗、四月になって受験して宮崎医科大学の看護学部（現宮崎大学）に入りました。ところが、そこに入ると人が変わったように熱心に勉強を始めたのです。

「勉強しても意味がないって言ってたのに、どうしてそんなに勉強してるの？」
「自分が勉強して得た知識が人の命を左右する。そう思うと一言一句聞き漏《も》らせないし、頭の中に叩き込んでおかないといけない。教えてもらったのに自分の知識がないばかりに人の命を落とすようなことになったら、自分自身を許せないやろ」

ただ「勉強しろ」と言うだけでなく、「何のために勉強するのか」それをきちんと伝えることが大切だと学んだ体験でした。

また後に生物学者の方が書かれた本でこんな話を知りました。

親から子にＤＮＡが遺伝するので、親ができることは、子どもが少し頑張るだけでそこまではスーッとできるようになる、ということです。簡単に言えば、親が持っている能力のところまでは楽にいく。普通の人が百の力を注がなければいけないとしたら、その子なら百よりずっと少ない努力でたどり着くというのです。

ただ、そこで満足するのではなく、自分がさらに努力して高いところに向かえば、自分の子どもはもっと高い能力を獲得できるというわけです。つまり自分だけでなく、次の世代、自分の子どものためにもしっかりと勉強して、高い能力を身につけるのが大切です。

「親が与えてくれたもの」に「自分が磨いたもの」をプラスしてＤＮＡに書き込み、次世代にバトンタッチしていく。

それもまた、なぜ勉強するかという質問に対する、一つの答えになるかもしれません。

反抗期の対処法

今までは何を言っても、「はーい」と素直に言うことを聞いていたのに、あるときから突然、プイと横を向いて返事もしなくなる。何が気に入らないのか、機嫌も悪い。いわゆる反抗期です。

女の子であれば、小学校四〜五年から中学にかけての生理が始まり、体型も変わり始める頃です。

いい子であればあるほど、「私って一体何だろう」「本当はいい子じゃないのに」など心が揺《ゆ》れて、悩んで、食べ物が口に入らなくなったりもします。

男の子は中学二年の夏休み頃から一年間は何を言っても聞かない時期です。さすがにうちは五人もいたので、「あんた、そろそろやな、あんたはどう言おうと私はダメなものはダメと言い続けるからね」などと言っていました。

最近は中学生の男子を見ると、こんなふうに言います。

「あんたそろそろやろ。でもね、俺って悪い人間だなんて思い詰めて、心を痛めなくていいんやからね。中二の夏から一年間は誰でも反発するんよ。みんなが通り過ぎる道やからせいぜい反抗しなさい」

そして、その親にはこう言います。

「お母さん、そろそろ始まるから覚悟しといた方がいいよ。でも、一年間だけ我慢《がまん》すればいいから悲観的にならんでいい。勝手にしなさい、母さんは悪いことは悪いと言い続けますからね、といった気持ちでいればいいからね」

乳離れ、母親離れの儀式《ぎしき》みたいなものと思えばお互いに気が楽になると思います。

鍵を握るのはお母さんの元気

お母さんが明るく元気だとその家は明るいし、お母さんが沈んでいると何となく子どもたちも沈んでいきます。お母さんのエネルギーが子どもたちに、そして家庭に与える影響はとても大きいのです。

お母さんはそれだけ重要なポジションにあるということを知ったうえで、母親業をして欲しいと思います。母親業を嫌々やっていれば、いくら取り繕《つくろ》ってもそれは子どもたちに伝わります。

私は「あんたたちが私の子どもでよかったわ」といつも心からそう思って接していました。しかし、人間だからいつも上機嫌でいられるわけではありません。

そんなときには、

「ごめん。今日は疲《つか》れてイライラしてるから、当たるかもしれんけど許してな」

そんなふうに先に言っておくと、子どもは子どもで気を利かせて、「お母さん、何か手伝おうか」などと助け船を出してくれました。

家庭で大切なのはお母さんの元気と明るさと愛情、その自覚をもって子育てに励むことです。

家族をつないでくれた糀の神さま

わが家の場合は、私の元気と明るさと愛情は夫の協力によって保たれ、夫と二人で子どもたちを育てました。そのおかげで五人の子どもたちは立派に育ちました。この五人と出会えたことは、人間として最高の喜びだと、夫といつも話しています。

先に述べた通り、私たち夫婦は仏さまのご縁で結婚をして子どもを授かりました。その子どもたちは文字通り仏さまからの預かりものだと思い、きちんと育てて恩をお返ししなければいけないという気持ちをいつも持っていました。

同時に仏さまから、「あなたたちは子育てを通して自分たちも育ちなさい」と言われているようにも思えました。

現在、長女の啓信《けいしん》は主人の跡《あと》を継いで独立し、その傍《かたわ》らで家業も手伝ってくれています。

次女の真昭《しんしょう》は唐津《からつ》のお寺に嫁《とつ》ぎ、結婚して三人の子どもに恵まれ、母として活躍しています。

長男の定栄は今、ドイツで糀《こうじ》を作る準備をしています。もともと糀屋を継ぐ気満々でしたが、甘酒が飲めないことに大きなコンプレックスを持っていたようです。そんなとき、次男の良得《りょうとく》が「俺が継ぎたい」と言ってくれて、ホッとしたような、残念なような、複雑な気分だったようです。

海外で仕事をしたいと思っていた彼は、ＪＩＣＡに入り、スペイン語を習得したいという思いから南米のパラグアイに行きました。そこで日系人の方々がいかに糀を上手に使っているかを知るのです。そして、たまたま現地の人から言われます。

「ＮＨＫで浅利という人が糀の料理やってたよ。あんたと同じ名字だね」

「いや、あれは僕の母です」

「エエッ、本当？」

「あなた糀屋さんの息子なの？　それなら糀の料理を教えてよ」

そこで彼は遠く離れたパラグアイで食事指導としての糀料理を教え始めたのです。遥《はる》か彼方に行ってしまったと思っていた息子でしたが、糀の神さまは彼のところにもついていって、新たな道を開いてくれたのだと感謝しています。

パラグアイから帰国した長男は糀の世界に戻り、次男と共に糀作りに励みました。そして今はドイツのデュッセルドルフで糀を広める活動を始めています。

次男の良得はすでに書いたように糀屋十代目として修行中。

三男は経営コンサルタントとして独立し、今は外部から糀屋の数字を見て助言してくれています。

子どもたちがずっと親に反発もせずにくっついているというのも少し気持ちの悪いものですが、うちの場合は、一旦はみんな離れて、それぞれがいろいろな仕事をして成長し、今また一つにまとまって頑張っています。ここで糀屋にひと花咲かせて、またそれぞれが独立していくのが理想です。

元禄２（1689）年創業の糀屋本店

糀作りの現場

子育てはご先祖さまへの恩返し

今、次男の良得が十代目を継ぐべく毎日、せっせと糀作りに励んでいます。小さいながらも長く続いてきた営みの中で、私の役割はご先祖さまから受け継いだ命をつなぐことだと自覚するようになりました。

代を継いできたということは、私の血の中に初代からのご先祖さまの血が流れているということです。それを最初に意識したのは、母を亡くしてからでした。今は母の姿を見ることはできませんが、いつも私のそばにいて、ときに励まし、ときに力を貸してくれる、そんなふうに思えるようになったのです。さらに祖母やもっと先のご先祖さまのことまで、はっきりと意識できるようになりました。

私の血の中にはいろいろなじいちゃん、ばあちゃんがいて、応援してくれているのです。うまくいったときには、自分の努力だけでなく、ご先祖さまが背中を押してくれたおかげで、うまくいったのだと感謝できるようになりました。

過去から未来に目を向けると、今度は五人の子どもたちが、次世代へと命をつないでいく番です。自分の子どもによかれと思うことを伝え、ときには手を添《そ》えて助け、ときにはグッと我慢《がまん》をして黙って見守りながら育てて欲しいです。

子育ては命を紡《つむ》いできてくださったご先祖さまへの恩返し。だからこそ、親として未来につながる新しい命を立派に育て上げることこそ、何よりも大切な務めです。

附録

幸せに包まれた食卓のために

幸せに包まれた食卓のために

家庭教育や幼児教育など、子どもの教育についてお話ししてきましたが、その教育の根本になるのが食育です。生きることは食べることです。食べることはすべての基本ですが、そうは言っても、空腹さえ満たすことができれば、どんなものでも口に入ればいいというのは食育とは違います。

一番の理想は、お母さんの手作りの料理を、みんなで「おいしいね」と言いながら食べること。その幸せに包まれた食卓を囲むことが、幸せな未来を創ります。幸せな食卓でおいしく、楽しく食べた思い出のある子どもは、やがて成長し、自分でも同じ幸せな食卓を囲む家族を作ることができるのです。

家庭は、命を守るだけでなく、身心も育つ場所です。つまり、食べ物で体を元気にし、家族と共に食卓を囲み、楽しく幸せに食べることで心を育むのです。

わが家の場合、一口食べたら「おいしいです。お母さん、ありがとう」と言うようにしていました。でも、手を抜いたときにそんなふうに言われると、本当に心が痛くなったものです。だから「本当においしいわ」と毎回言ってもらえるよう心がけて料理をしました。

では、最後に、忙しいお母さんでも「おいしい！」と家族に喜んでもらえる、あまり手のかからない塩糀を使ったレシピを紹介しましょう。

この料理で、ご家族が幸せに包まれる食卓を用意してあげてください。

◎混ぜご飯

おいしいご飯の炊き方＋椎茸めしの素

●ご飯

材料（４人分）

お米	２合
塩糀	小さじ２

手順

①いつも通り電気釜で炊く時に、小さじ２杯の塩糀を加えて炊く。

※蒸らした後はしゃもじを水でぬらし、下から米を起こすようにして空気を入れる。

●椎茸めしの素

材料（４人分）

椎茸	50g
人参	50g
ゴボウ	50g
醤油	小さじ１
砂糖	小さじ２
塩糀	大さじ１
ごま油	大さじ１

手順

①椎茸は１㎝角の大きさにうす切り、人参は３㎝の千切り。

②ゴボウは縦４つ割りにして、ななめ小口切り。

③フライパンにごま油を入れ、ゴボウ、椎茸、人参を炒める。

④炊き上がったご飯一杯 150 g に対して 35 g の椎茸めしの素を混ぜる。

◎カレーライス

おでん（197頁）や野菜スープ（199頁）の残りで作る
お手軽カレー

材料（４人分）

おでんか野菜スープの残り	
玉ねぎ	1/2本
人参	１個
じゃが芋	１個
トマト	１個
水	カップ４
オリーブオイル	大さじ１
塩糀	120g

手順

①玉ねぎはみじん切り、人参は太いものは半月のうす切り、細いものは小口切り。

②じゃが芋は半分に切って薄切り、トマトは小さく刻む。

③玉ねぎをオリーブオイルで炒め、続いて人参を炒める。

④残りの野菜、水の順に入れて煮込む。

⑤じゃが芋が柔らかくなったら塩糀で味をつけ、カレールーを入れ弱火で煮る。

◎ハンバーグ
簡単！混ぜ込むだけ

材料（４人分）

合びき肉	400g
玉ねぎ	200g
塩糀	40g
トマト	１個
レタス	適宜

手順

① 粗みじん切りにした玉ねぎをいためる。

②ひき肉に荒熱を取った①と塩糀を入れてよく混ぜる。

③適当な大きさに丸め、中をくぼませて中火で焼く。

④トマト、レタスとともに盛り付ける。

※２～３日冷蔵庫の中で熟成させると一段と旨みが出て美味しくなります。

◎餃子（40個分）

味も香りも本格的

おかず

材料（４人分）

《具》	
ねぎ	1/2束
ニラ	1/2束
白菜	100g
豚肉ミンチ	50g
塩糀	大さじ１
ニンニク	１片
生姜（親指大）	１片
餃子の皮	40枚
《ポン酢》	
醤油	1/4cup
酢	1/4cup

手順

①白菜は千切りにしてナイロン袋に入れ、塩糀とよく混ぜあわせ揉み、10分ほど置いて水分を絞る。

②ねぎ、ニラ、ニンニク、生姜はみじん切りにする。

③豚肉と②の材料、塩糀をボールに入れ、よく混ぜあわせる。

④皮に具を詰める。

⑤ごま油を多めに引いて強火で焼き、上からお湯をかけ蓋をして蒸し焼きする。

◎お好み焼き

長芋を使うのが決め手です！

おかず

材料（４人分）

薄力粉	200g
水	100cc
キャベツ	400g
ネギ	100g
玉子	6個
長芋	100g
エビ、イカ、豚	100g
肉など	
塩糀	10g
塩糀	20g

手順

①溶き卵６個分に水 100ccを混ぜ、塩糀 20g 、長芋を加えて、薄力粉がダマにならないように混ぜる。

②キャベツ、ネギはみじん切りにし、エビなどは 10g の塩糀を揉みこんでおく。

③①と②を合わせてさっくりと混ぜる。キャベツが多いが、焼くといい感じに仕上がる。

④材料を中火でゆっくり焼き、お好みソース、のり、粉カツオを振っていただく。

◎卵焼き
誰がつくっても美味しい

材料（４人分）

卵	３個
砂糖	大さじ１
塩糀	小さじ２

手順

①卵をボールに割り入れ、砂糖と塩糀を加えてかき混ぜる。
②中火で焦がさないように焼く。

◎塩糀の鳥から揚げ

むね肉でもジューシー

材料（４人分）

鶏むね肉	400g
塩糀	40g
片栗粉	50g
米粉	50g

手順

①むね肉は１㎝の厚さの斜めそぎ切りにして塩糀を揉みこみ 10 分ほど置く。

②片栗粉と米粉を合わせ、むね肉に絡ませしっとりするまで待つ。

③中火でカラリと揚げる。

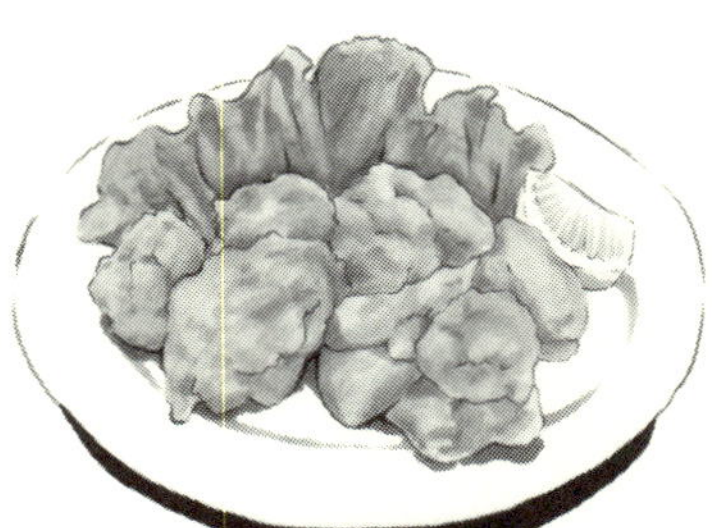

おかず

◎おでん

余った残りはカレーライス（191頁）に大変身

材料（４人分）

鶏手羽元	350g
水	1400ml
塩糀	35g
薄口醤油	45ml
大根	400g
こんにゃく	１枚
糸こんにゃく	４個
ちくわ	４本
蒲鉾	１本
ゴボウ天	４本
ゆで卵	４個
椎茸（中）	４個
厚揚げ	２個

手順

①鶏の手羽元は、50℃のお湯につけて洗い、塩糀を塗って10分ほど置く。

②鍋に鶏と水を入れて煮る。

③沸騰したら弱火で20分ほど煮ながら、時々あくを取る。

④薄口醤油で味を調える。少し足りないくらいの味でよい。

⑤大根は３㎝の厚さに切り、椎茸も食べやすい大きさに切る。

⑥こんにゃく、糸こんにゃくは塩もみをして三角形に切り、厚揚げも熱湯で油切りし同様に切る。

⑦蒲鉾、ちくわは半分に切り、それをななめ切りする。

⑧鍋に重ならないようにすべての材料を並べ、だしをひたひたになるくらい入れる。

⑨沸騰するまで強火。次に弱火で味がしみるまでコトコト煮込む。

◎お味噌汁

心も体も温まるお母さんの味

材料（4人分）

水	600ml
いりこ（煮干し）	8尾
味噌	80g
具	30～50g
豆腐　わかめ　油揚げ	
じゃが芋　椎茸　青菜	
かぼちゃ　なす　里芋	
麩　もやし　えのきだけ	
大根　大根菜　なめこ	
さつま芋　白菜　しめじ	
筍　瓜　ゴボウ　玉ねぎ	
キャベツ　納豆　魚介類	
あさり貝　しじみ貝	
甲殻類	
薬味	
ねぎ　生姜　ミョウガ	
三つ葉　青じそ　ゆず	

手順

①いりこはサッと洗い、頭とはらわたを取って水に20分つけておく。

②そのまま火にかけ、蓋をせずに10分くらい、いりこが躍らない程度の火加減で煮る。

③具を入れて、煮えたら火を止め、 味噌を溶き入れる。

※味噌は沸騰させないのがおいしく食べる秘訣です。

◎野菜スープ（ミネストローネ）

応用のきくスープレシピです

材料（４人分）

玉ねぎ	１個
人参	1/2 本
じゃが芋	１個
トマト	１個
水	カップ6
オリーブオイル	大さじ１
塩糀	120g
パセリ	小さじ１
胡椒	少々

手順

①玉ねぎはみじん切り、人参は太いものは半月のうす切り。

②じゃがいもは半分に切ってうす切り、トマトは小さく刻む。

③玉ねぎをオリーブオイルで炒め、続いて人参を炒める。

④残りの野菜、水の順に入れて煮込む。

⑤じゃが芋が柔らかくなったら塩糀で味をつける。

⑥パセリを浮かす。

※トマト缶やカレールー、シチューの素を入れると変身します。

◎白菜のスタミナ漬

余った白菜で本格的なお漬け物

材料（４人分）

白菜	500g
ニンニク	2片
生姜	1片
りんご	1/4個
ごま油	小さじ1
粉末唐辛子	小さじ1/4
酢	小さじ1/2
塩糀下漬	50g
塩糀本漬	50g

手順

①白菜の葉はざく切り、白い部分は１㎝ほどに切る。
②下漬けとして①をナイロン袋に入れて、塩糀を入れて揉み、口を閉じて机の上に叩きつける。
③②の空気を抜き、再び口を占めて、机に叩きつけ10分ほどすると水が上がる。
④待ってる間に本漬け用の漬汁を作る。りんご、ニンニク、生姜はすりおろし、酢とともに塩糀に混ぜる。
⑤③の水を切り、本漬け用のつけ汁をナイロン袋に入れ合わせる。
⑥2～3時間置けば食べられるが、一晩なじませた方がおいしい。

◎大根のハリハリ漬け風

大根だけで手軽に作れる

材料（４人分）

大根	420g
砂糖	30g
醤油	60g
塩糀	60g
酢	60g

手順

①大根はうす切りのいちょう切りにする。

②たれを作った中に切った大根を入れ、一晩漬けて出来上がり。

◎さつま芋の黄金煮

砂糖の少なさに感激！

材料（４人分）

さつま芋	400g
砂糖	40g
塩糀	小さじ2
水	120ml

手順

①さつま芋はよく洗って皮をつけたまま 1㎝幅の半月切りにし、すぐに砂糖と塩糀をまぶす。

②鍋に①と水を入れ、蓋をして中火で 10 分ほど煮る。

③さつま芋が煮えたら出来上がり。

おわりに

子どもたちに自分の学んだこと、読書で得た知識を本にして伝えたいと思い始めたのは、二〇〇六年頃だったと覚えています。その頃はまだ漠然《ばくぜん》として、何をどう書くか思い浮かべなかったものの、わが子だけでなく、未来ある若者たちに与えられた命をより輝かせて生きるためのハンドブックとしたかったのでした。

それはスカウトである私たちに、ベーデン・パウエル卿《きょう》が残してくださった以下の言葉の実践のようにも思えました。

「幸福を得る本当の道は、他の人々に幸福を与えることによって得られるものです。諸君の見出した世界よりか、多少でもこの世界をよいものにしてあとに残すならば、君たちの死ぬ順番が回ってきた時、自分は自分の最善をつくしたのだから、とにかく、時を無駄《むだ》にしなかったという幸福を感じながら、満足して死ぬことができます。

この道に〝そなえよつねに〟
そして、幸福に生き、幸福に死ぬこと。
いつも、スカウトのちかいを身につけて……君たちが大人になった後でも……そうすれば、君たちのすることを、神さまは助けて下さるのです」

君たちの友　ベーデン・パウエル・オブ・ギルウェル
（一九四一年一月八日　B・P最後のメッセージより）

偉人、賢人と言われる方が、人のために生きることこそ、いのちを輝かせて生きることだと伝えています。周囲のことを考え、みんなのために努力することの素晴らしさ、そうした実践の後に訪れる充実感、達成感は何にも代えがたいと、教えてくれています。

彼らはどのように育ったのでしょうか。彼らの後ろに、人として誇り高く、世のため人のために生きることの素晴らしさを小さなときから教え、見守った母の存在があったことは見逃せません。

私は決して偉大でも何でもありませんが、たくさんのよい本と出会い、知識を得て、子育てのガイドを完成できたことに感謝しています。願わくば、この本を読んでくださるあなたに少しでもお役立ていただければ、これ以上に嬉しいことはありません。

この本がこれから子育てをされるご両親、おじいちゃん、おばあちゃんのみならず、日本を背負って立つ若者のみなさんにとって、有意義な人生を楽しむためのヒントになれば光栄です。

今回の本を作成するに当たり、致知出版社の藤尾秀昭社長をはじめ、柳澤まり子専務取締役編集部長、編集部のみなさまに大変お世話になりました。ことに南部洋一さん、篠原隼人さんのお二人には、わがことのように取り組んでいただき、素晴らしい本に仕上げていただきましたこと、厚くお礼を申し上げます。

私たちは、争うために生まれたのではありません。

私たちは、比べるために生まれたのではありません。

私たちは、人をおとしめるために生まれたのではありません。
私たちは、人を傷つけるために生まれたのではありません。
私たちは、協力するために生まれたのです。
私たちは、幸せに暮らすために生まれたのです。
貧困や飢えに悩まされることなく、
手を取り合い、協力する喜びを心に湧かせて
私たちは、お互いの命を輝かせるために生まれたのです。
私たちは、世界を平和にするために生まれたのです。

平成二十六年三月

浅利妙峰

著者略歴

浅利妙峰（あさり・みょうほう）

昭和27年大分県生まれ。佐伯市で元禄2（1689）年創業、320年以上続く「糀屋本店」の長女として生まれる。短大卒業後、家業に従事。日本の発酵調味料の基となる糀をもう一度家庭の台所に戻すべく、塩糀を現代に甦らせた糀ブームの火付け役でもある。糀を使った簡単でおいしいレシピを考案し、「こうじ屋ウーマン」として、料理講座、講演会などで糀文化の普及拡大を国内外で勧める一方、家庭教育をテーマにした講演も行っている。著書に『温故知新の糀レシピ』（糀屋本店）『糀屋本店の塩麹レシピ』（PHP研究所）『ひとさじで料亭の味！魔法の糀レシピ』（講談社）『浅利妙峰が伝える はじめての糀料理』（西日本新聞社）。共著に『旨みを醸し出す麹のふしぎな料理力』（東京農大出版会）『糀でつくる一汁三菜 イキイキごはんで適量生活』（西日本新聞社）がある。

浅利妙峰の
母になるとき読む本

平成二十六年三月二十五日第一刷発行

著者 浅利妙峰

発行者 藤尾秀昭

発行所 致知出版社

〒150-0001 東京都渋谷区神宮前四の二十四の九

TEL（〇三）三七九六―二一一一

印刷・製本 中央精版印刷

落丁・乱丁はお取替え致します。 （検印廃止）

ISBN978-4-8009-1027-1 C0095

ホームページ http://www.chichi.co.jp

Eメール books@chichi.co.jp